한자공부는 덤! 초등학생이 꼭 알아야 할 고사성어

가장 쉬운 초등 고사성어 따라쓰기

하루 한장의 기적

나난별 · 함지슬 지음
류덕엽 감수

동양북스

지은이

나난별

신춘문예에 글이 뽑혀 동화작가가 되었어요. 오래오래 가슴에 남는 글을 쓰려고 애쓰고 있지요. 쓴 책으로는 『생각이 열리는 세계 문화 여행』, 『자연은 내친구』, 『로봇 친구 코코』, 『최고의 김밥이 될 거야』, 『가장 아름다운 빛깔은?』 등이 있답니다.

함지슬

유치원에서 아이들을 가르치다가, 책이 좋아져서 책 만드는 일도 하고, 책 쓰는 일도 시작했어요. 푸른문학상 '새로운 작가상'을 받은 뒤로 어린이책에 글을 쓰고 있답니다. 지은 책으로 동화책 『룰루 아저씨의 옛이야기 세탁소』, 『도서관 길고양이』(공저), 그림책 『번개 세수』 등이 있어요.

감 수

류덕엽 (현 서울양진초등학교 교장)

류덕엽 선생님은 서울교육대학교를 졸업하고 초등학교와 교육청에서 아이들과 초등 교육을 위해 30년 넘게 일하셨습니다. 지금은 자상한 교장선생님으로 어린이 여러분과 즐거운 학교 생활을 하고 계시지요.

특히 초등 국어 연구에 열정을 갖고 초등 국정 국어교과서 연구위원, 집필위원, 심의위원으로 활약하시면서 초등학교 어린이들의 올바른 어문생활을 이끌고 있습니다. 또 조선일보에 〈예쁜 말 바른 말〉을 기고하여 우리말의 즐거움을 많은 사람들과 함께 나누고 있어요.

가장 쉬운 초등 고사성어 따라쓰기 — 하루 한 장의 기적

초판 5쇄 | 2023년 4월 5일

지은이 | 나난별, 함지슬
감 수 | 류덕엽
발행인 | 김태웅
편 집 | 양정화
디자인 | 남은혜
일러스트 | 윤병철
마케팅 | 나재승
제 작 | 현대순

발행처 | (주)동양북스
등 록 | 제 2014-000055호(2014년 2월 7일)
주 소 | 서울시 마포구 동교로22길 14 (04030)
구입 문의 | 전화 (02)337-1737 팩스 (02)334-6624
내용 문의 | 전화 (02)337-1763 dybooks2@gmail.com

ISBN 979-11-5768-496-0 73700

ⓒ 2019, 동양북스

▶ 본 책은 저작권법에 의해 보호를 받는 저작물이므로 무단 전재와 복제를 금합니다.
▶ 잘못된 책은 구입처에서 교환해드립니다.
▶ 도서출판 동양북스에서는 소중한 원고, 새로운 기획을 기다리고 있습니다.
  http://www.dongyangbooks.com

머리말

여러분은 고사성어를 얼마나 알고 있나요? 처음 듣는 고사성어가 있다면 그 뜻이 무엇인지 바로 알기 힘들어요. 한자어의 뜻을 보아도 아마 알쏭달쏭 이해하기 어려울 거예요. 고사성어는 한자로 이루어진 데다가, 옛이야기에서 유래했기 때문이에요. 그러니 그 이야기를 알지 못하면 뜻을 정확하게 이해하기 어렵답니다.

그럼 어떤 이야기에서 생겨난 걸까요? 그건 다양하답니다. 오래전부터 전해 내려오던 전설이나 신화, 혹은 역사 속 이야기나 오래도록 사랑을 받은 고전문학작품들이에요. 이 이야기들은 오래도록 사람들의 마음속에 담겨 오늘날까지 이어 내려온 이야기들이라는 공통점이 있어요. 그러다 보니 이야기 안에 삶에 대한 지혜가 잘 녹아있어요. 그 교훈이나 일화에서 고사성어가 생겨난 것이지요. 그러니 고사성어에도 마찬가지로 삶의 본질을 꿰뚫어보는 통찰력이나, 삶을 바라보는 올바른 시선, 우리가 어떻게 살아야 할 것인지에 대한 조상들의 경험과 교훈이 잘 녹아있답니다.

먼저 고사성어 하나하나에 녹아있는 이야기를 재미있게 즐기면 좋겠어요. 그리고 그 이야기에서 어떤 한자어들이 모여서 고사성어가 되었는지 살펴보고, 써 보세요. 한자어가 가진 각자의 뜻이 모여 실제로는 어떤 의미를 갖게 되는지 자연스럽게 이해하게 될 거예요. 그러다 보면 고사성어를 하나하나 알게 되겠지요?

유래에 담긴 이야기를 읽다보면 생활에서도 고사성어를 인용할 수 있어요. 어른이든 어린이든 살다 보면 그런 상황이 닥칠 때가 있거든요. 내가 겪고 있는 상황에 맞는 고사성어가 떠오를 때가 있나요? 그건 말이에요, 내가 가진 상황을 한 발짝 물러서서 바라보게 만드는 힘을 갖고 있어요. 나를 객관적으로 바라보게 되면 어려움이 생겼을 때 해결방법도 쉽게 찾을 수 있답니다.

여러분도 고사성어에 담긴 이야기를 읽고 쓰며 고사성어에 담긴 재미를 느낄 수 있기를 바랍니다.

나난별, 함지슬

나의 꿈, 나의 계획

나는 _____ 한

_____ (이)가 될 거예요.

건강 목표

생활 목표

공부 목표

참 잘했어요!

부모님이 칭찬 도장을 찍어주세요

| 1일차 | 2일차 | 3일차 | 4일차 | 5일차 | 6일차 | 7일차 |

12일차 | 11일차 | 10일차 | 9일차 | 연습 문제 | 8일차

13일차 | 14일차 | 15일차 | 16일차 | 연습 문제 | 17일차

24일차 | 23일차 | 22일차 | 21일차 | 20일차 | 19일차 | 18일차

연습 문제 | 25일차 | 26일차 | 27일차 | 28일차 | 29일차

34일차 | 33일차 | 연습 문제 | 32일차 | 31일차 | 30일차

35일차 | 36일차 | 37일차 | 38일차 | 39일차 | 40일차 | 연습 문제

우와~ 벌써 40일차!

※칭찬 도장 미포함

매일 꾸준히 노력해서 _____ 한

_____ (이)가 되었구나!

정말 장해요!!

차례

나의 꿈, 나의 계획 ········· 4
칭찬해 주세요 ········· 5
한자 쓰는 법 ········· 7
이렇게 활용하세요 ········· 8

제1장 가족과 친구의 소중함

1일차 도원결의	12	5일차 지음	28
2일차 관포지교	16	6일차 반포지효	32
3일차 수어지교	20	7일차 맹모삼천	36
4일차 간담상조	24	8일차 결초보은	40

연습 문제 ········· 44

제2장 노력의 가치

9일차 형설지공	48	13일차 괄목상대	64
10일차 우공이산	52	14일차 대기만성	68
11일차 마부작침	56	15일차 화룡점정	72
12일차 위편삼절	60	16일차 등용문	76

연습 문제 ········· 80

제3장 성공을 위한 마음가짐

17일차 삼고초려	84	21일차 낭중지추	100
18일차 군계일학	88	22일차 좌우명	104
19일차 곡학아세	92	23일차 유비무환	108
20일차 백미	96	24일차 백문불여일견	112

연습 문제 ········· 116

제4장 반성과 깨달음

25일차 조삼모사	120	29일차 각주구검	136
26일차 어부지리	124	30일차 사족	140
27일차 수주대토	128	31일차 기우	144
28일차 모순	132	32일차 용두사미	148

연습 문제 ········· 152

제5장 지혜로운 삶의 태도

33일차 배수진	156	37일차 전화위복	172
34일차 사면초가	160	38일차 일거양득	176
35일차 파죽지세	164	39일차 개과천선	180
36일차 새옹지마	168	40일차 동병상련	184

연습 문제 ········· 188

부록

연습 문제 정답 ········· 192
따라쓰기 연습장 ········· 194
고사성어 카드 ········· 199

한자 쓰는 법

- 상하 구조의 것은 위에서부터 아래로 씁니다.

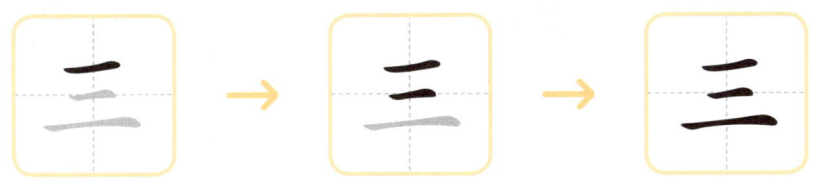

- 좌우 대칭형의 것은 가운데를 먼저 쓰고, 좌우의 것은 나중에 씁니다.

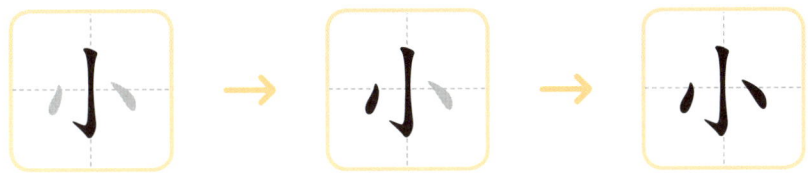

- 글자 전체를 관통하는 세로 획은 맨 마지막에 씁니다.

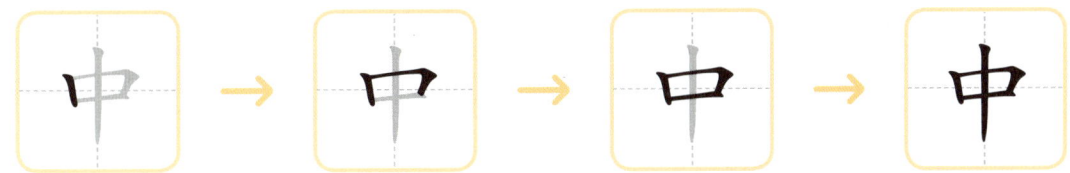

- 좌우 구조의 것은 왼쪽에서부터 오른쪽으로 씁니다.

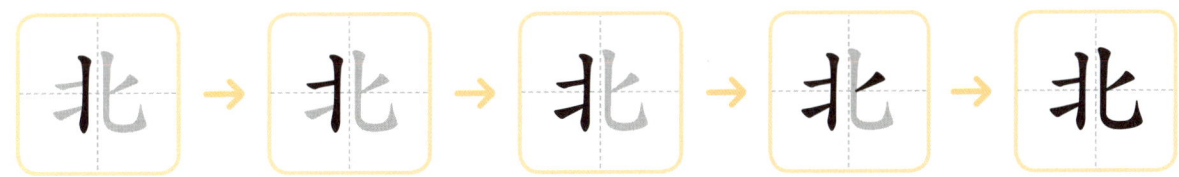

- 내외 구조의 것은 바깥의 것을 먼저 쓰고 안의 것은 나중에 씁니다.

이렇게 활용하세요

:: **유래와 그림으로 재미있게 고사성어를 공부해요!**

고사성어의 의미를 좀 더 쉽고 재미있게 익힐 수 있도록 유래와 그림을 넣어 구성하였습니다. 매일매일 한 장씩 공부하는 좋은 습관으로 실력을 키워가도록 도와주세요.

:: **또박또박 따라 쓰고 뜻을 생각하며 국어 실력을 키워요!**

고사성어의 한자를 획순에 맞춰 바르게 따라 쓰며 집중력을 높이고, 활용 문장을 통해 고사성어의 쓰임을 쉽게 익힐 수 있습니다.

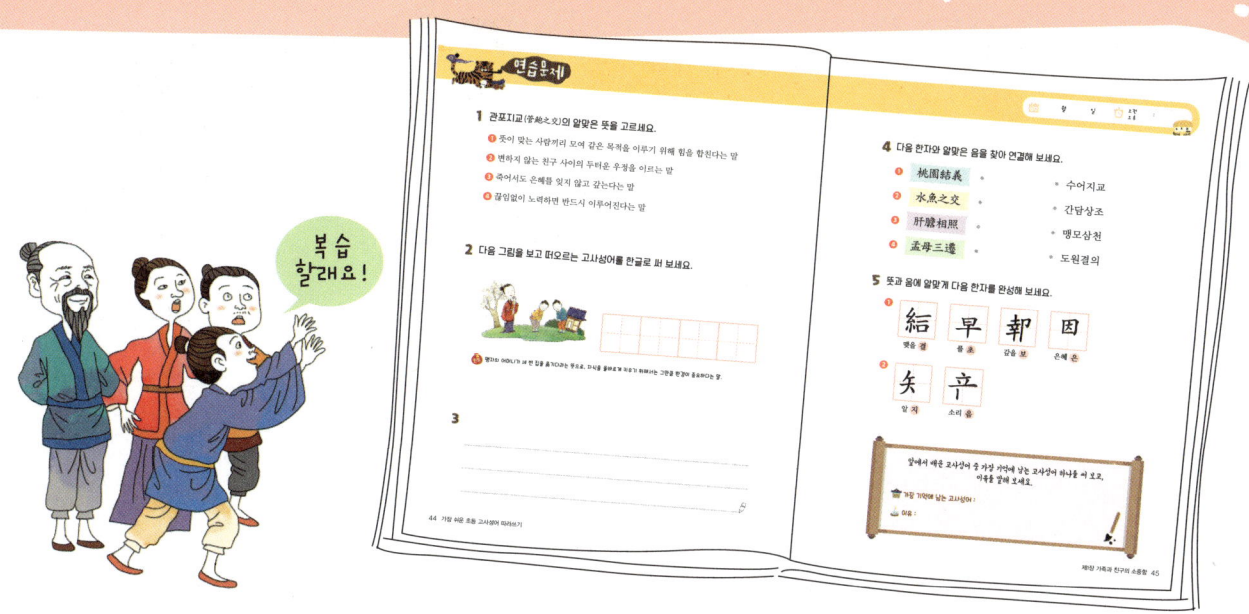

:: 연습 문제를 풀고 배운 내용을 복습해요!

8개의 고사성어를 배운 뒤, 연습 문제를 풀며 자신의 실력을 점검할 수 있습니다. 뜻 찾기, 줄 잇기, 채워 쓰기와 같은 쉬운 형식으로 부담 없이 복습할 수 있습니다. 마지막에 나오는 '기억에 남는 고사성어 말해보기' 코너를 통해 자녀와 함께 의견을 주고받으며 대화를 나누는 시간을 가져보세요.

부록

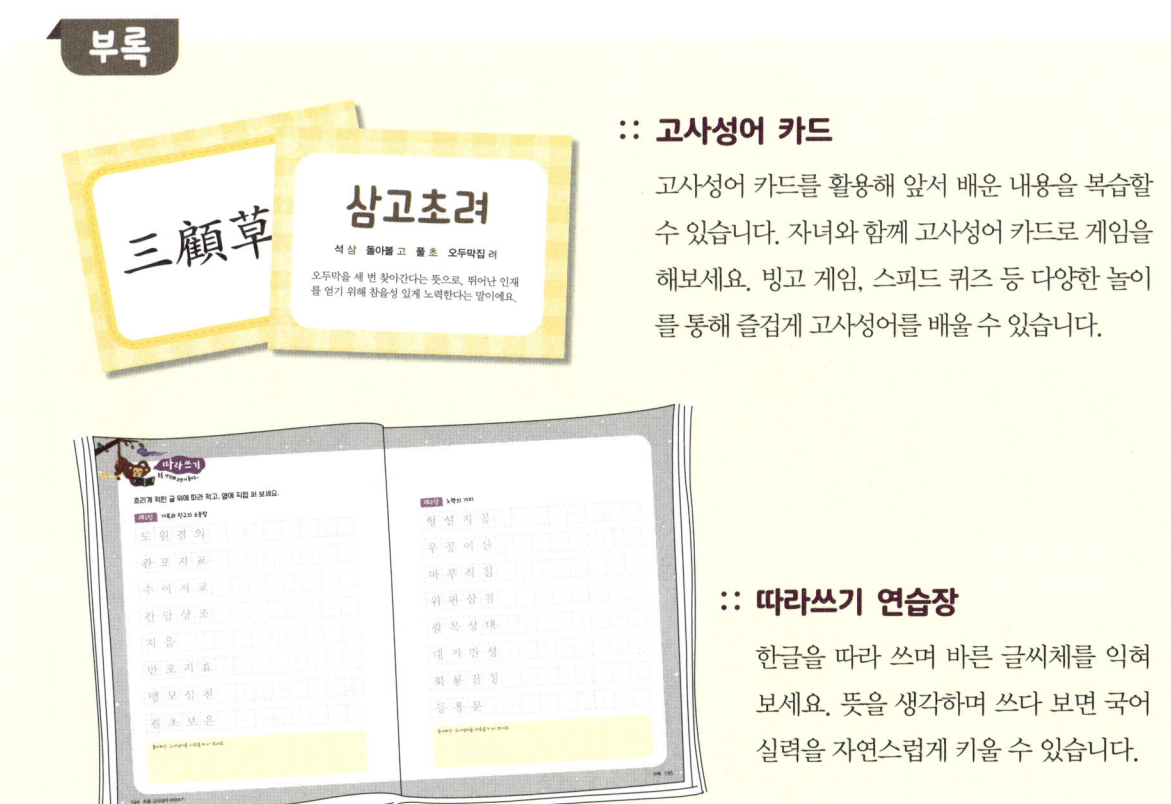

:: 고사성어 카드

고사성어 카드를 활용해 앞서 배운 내용을 복습할 수 있습니다. 자녀와 함께 고사성어 카드로 게임을 해보세요. 빙고 게임, 스피드 퀴즈 등 다양한 놀이를 통해 즐겁게 고사성어를 배울 수 있습니다.

:: 따라쓰기 연습장

한글을 따라 쓰며 바른 글씨체를 익혀 보세요. 뜻을 생각하며 쓰다 보면 국어 실력을 자연스럽게 키울 수 있습니다.

9

제 1 장
가족과 친구의 소중함

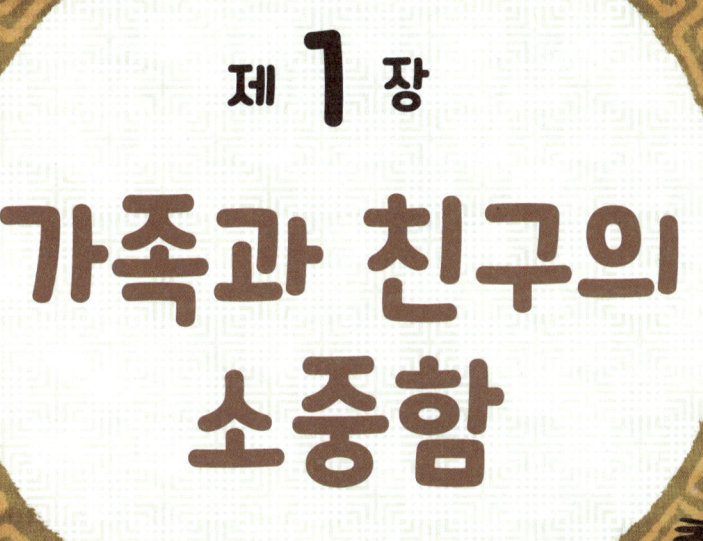

✔ 매일매일 체크하기!

☐ 1일차 **도원결의**
☐ 2일차 **관포지교**
☐ 3일차 **수어지교**
☐ 4일차 **간담상조**
☐ 5일차 **지음**
☐ 6일차 **반포지효**
☐ 7일차 **맹모삼천**
☐ 8일차 **결초보은**
☐ 연습 문제

1일차

도원결의
桃園結義
복숭아 **도** 동산 **원** 맺을 **결** 옳을 **의**

풀이 복숭아나무 밭에서 의형제를 맺는다는 뜻으로, 뜻이 맞는 사람끼리 모여 같은 목적을 이루기 위해 힘을 합친다는 말이에요.

유래 한나라 말기에는 흉년*이 들어 농사가 잘 되지 않아 백성들이 살기 어려웠어요. 나라 꼴이 엉망이 되자 도적들이 들끓었는데, 그 중 대표적인 것이 황건적*이 일으킨 난이었어요. 왕은 군대를 보내 도적을 잡으려 했지만 쉽지 않자 결국 의병을 모집하기로 했지요.

유비가 살던 마을에도 의병 모집을 알리는 방이 붙었어요. 사람들은 방을 보고 술렁댔어요.

유비도 의병에 뜻이 있었지만 여러 상황이 쉽지 않았어요. 저도 모르게 깊은 한숨을 쉬자, 뒤에서 누군가 말했어요.

"한숨만 쉬어서야 도적을 잡을 수 있겠습니까?"

유비가 돌아보니 덩치가 크고 눈이 부리부리하며, 수염이 사방으로 난 사내가 서 있었어요. 그는 장비였어요. 장비는 유비가 의병에 뜻이 있음을 알고, 시원시원하게 말했어요.

"뜻을 모으면 할 수 있습니다! 형님, 함께 의병에 지원합시다."

둘은 주막에서 술을 마시며 앞으로의 계획에 대해 이야기를 나누었어요. 중간에 반듯한 얼굴에 위풍당당한 남자가 주막에 들어왔는데, 그 사람은 관우였어

요. 관우가 말했어요.

"의병에 지원하러 가야 하니, 얼른 먹을 것을 내주시오."

유비는 관우가 큰 인물임을 한눈에 알아보고 관우를 불렀어요. 황건적을 물리치기 위해 큰 뜻을 품은 인물이 셋 모이게 된 것이에요.

"형님들, 이렇게 만난 것도 인연인데, 의형제를 맺는 것이 어떻겠습니까?"

장비가 말하자 셋은 다음 날 다시 만나기로 약속을 하고 헤어졌어요.

장비의 집에 모인 셋은 복숭아나무 아래에서 예를 갖춰 제를 올리고, 이렇게 맹세했어요.

"유비, 관우, 장비 우리 세 사람은 형제의 의리를 맺고 같은 마음으로 힘을 합해 나라를 구할 것이다. 위험에 닥쳐도 배신하지 않고 의를 지켜 한 날, 한 시에 같이 죽을 것을 맹세한다!"

이렇게 하여 유비가 첫째 형이 되고, 관우가 둘째, 장비가 셋째가 되었어요.

그 뒤에 유비와 관우와 장비는 의병을 조직하여 황건적에 맞서 싸웠어요. 황건적을 물리친 뒤에도 지혜와 힘을 합쳐 공을 세웠으며 나중에는 촉나라를 세웠답니다.

*흉년: 농작물이 잘되지 않아 굶주리게 된 해.
*황건적: 머리에 노란 수건(황건)을 두른 농민반란군.

1일차 도원결의

 한자의 뜻과 음을 읽으며 따라 써 보세요.

桃 복숭아 도 — 필순 10획 桃桃桃桃桃桃桃桃桃桃

園 동산 원 — 필순 13획 園園園園園園園園園園園園園

結 맺을 결 — 필순 12획 結結結結結結結結結結結結

義 옳을 의 — 필순 13획 義義義義義義義義義義義義義

이럴 때 사용해요!
□ 지선이와 오늘부터 끈기 있게 열심히 공부하자고 도원결의를 맹세했어.
□ 수찬이와 상우의 도원결의가 곧 깨질 위기에 처했어.

뜻을 생각하며 또박또박 써 보세요.

| 도 | 원 | 결 | 의 | 桃 | 園 | 結 | 義 |

뜻 :

| 도 | 원 | 결 | 의 | 桃 | 園 | 結 | 義 |

뜻 :

 고사성어를 사용해 나만의 문장을 만들어 보세요.

관포지교
管鮑之交
피리 관 절인 물고기 포 어조사 지 사귈 교

풀이 관중과 포숙아의 사귐이란 뜻으로, 관중과 포숙아처럼 변하지 않는 친구 사이의 두터운 우정을 이르는 말이에요.

유래 제나라에는 좋은 친구 사이인 두 사람이 있었어요. 한 사람은 관중이고, 다른 한 사람은 포숙아였어요. 그런데 관중은 형편이 매우 어려웠어요. 집도 가난했고, 어머니까지 돌봐야 하는 처지였지요.

한편 관중과 포숙아가 같이 전쟁터에 나가게 되었어요. 그런데 싸움에 나갈 때마다 관중은 맨 뒤에 숨어 있었어요. 다른 병사들이 관중을 비난하자 포숙아는 이렇게 말했어요.

"그것은 오해요. 관중이 목숨을 지켜야 홀로 남아계신 어머니를 보살필 수 있소."

관중은 포숙아의 말을 듣고 생각했어요.

'나를 낳아준 사람은 부모지만, 나를 진정으로 이해해 준 사람은 포숙아 뿐이구나.'

나중에 관중과 포숙아는 벼슬길에 올라 나랏일을 했어요. 당시 제나라의 왕은 양공이었는데, 놀고먹는 것만 좋아했어요. 포숙아는 나라의 앞날을 걱정하여 소백을 모시고 거나라로 몸을 피했어요. 관중 역시 자신이 모시는 규와 함께 노나라로 피했지요.

얼마 지나지 않아 양공이 죽자, 제나라는 혼란에 빠졌어요. 왕위 다툼이 일어

나자, 관중은 자기가 모시는 규를 왕으로 만들기 위해 소백을 없애기로 결심했어요. 관중은 소백에게 활을 쏘았지만, 화살은 빗나갔어요. 결국 포숙아와 소백이 먼저 제나라에 도착하여 제나라의 새로운 왕이 되었어요.

소백은 포숙아를 재상으로 임명했어요. 하지만 포숙아는 이렇게 말했어요.

"소인보다 관중이 더 뛰어납니다. 그를 재상*으로 불러들이는 것이 옳다고 생각합니다."

소백은 화가 나서 소리쳤어요.

"관중은 나를 죽이려 했소! 그런데 어떻게 재상 자리에 그를 앉히라 하오!"

"관중의 행동을 탓할 수 없습니다. 그는 그저 자신이 모시는 주인을 위해 최선을 다한 것뿐입니다."

소백은 포숙아의 말을 듣고 다시 생각했어요. 그리고 결국 관중을 재상으로 임명했지요. 관중도 마음을 다해 소백을 도와 나라를 다스렸답니다.

*재상: 임금을 돕고 여러 신하들을 지휘하는 벼슬.

2일차 관포지교

한자의 뜻과 음을 읽으며 따라 써 보세요.

管 피리 관 — 필순 14획 管管管管管管管管管管管管管管

鮑 절인 물고기 포 — 필순 16획 鮑鮑鮑鮑鮑鮑鮑鮑鮑鮑鮑鮑鮑鮑鮑鮑

之 어조사 지 — 필순 4획 之之之之

交 사귈 교 — 필순 6획 交交交交交交

 이럴 때 사용해요!

□ 너는 관포지교를 나눌 만큼 그렇게 친한 친구가 있니?
□ 관포지교를 나눌 친구가 있다면 평생 외롭지 않을 거야.

📅 　월　　일　⏰ 오전/오후　　:

 뜻을 생각하며 또박또박 써 보세요.

| 관 | 포 | 지 | 교 | | 管 | 鮑 | 之 | 交 |

뜻 :
_____

| 관 | 포 | 지 | 교 | | 管 | 鮑 | 之 | 交 |

뜻 :
_____

 고사성어를 사용해 나만의 문장을 만들어 보세요.

제1장 가족과 친구의 소중함　19

수어지교

水魚之交
물 수   물고기 어   어조사 지   사귈 교

풀이 물과 물고기의 사귐이라는 뜻으로, 아주 친밀하여 떨어질 수 없는 사이를 이르는 말이에요.

유래 유비는 관우, 장비와 함께 어지러운 세상을 바로잡기 위해 애썼어요. 하지만 한나라 왕실은 점차 기울어져 갔어요. 왕실에는 왕에게 아부하는 간신들만 가득해서, 정세*를 읽고 책략*을 짤 인물이 필요했어요. 서서*는 유비에게 제갈량을 추천했어요. 유비는 세 번이나 제갈량을 찾아갔고, 마침내 왕실로 데려올 수 있었어요.

제갈량은 유비를 위해 계략을 짰어요. 유비는 그 말을 진지하게 들었어요.

"먼저 형주와 익주를 차지해야 합니다. 그곳을 근거지로 삼으면 그다음 상황에 잘 대응할 수 있습니다. 또 서쪽과 남쪽의 이민족*을 잘 달래주십시오. 그들이 딴 마음을 품으면 예상치 않은 일이 생겨 위험에 빠질 수 있습니다. 일단은 군대 훈련과 그들을 지원하는 일에 힘써야 합니다."

제갈량은 어느 나라와 힘을 합칠 것인지, 어떤 기회를 틈타 누구를 무찔러야 할 것인지 계략을 짰어요. 유비는 그 제안을 듣고 크게 감탄했어요. 천하를 다스리기 위한 계략으로 더없이 훌륭했기 때문이에요. 유비는 제갈량을 점점 더 믿게 되었어요.

유비는 제갈량이 있어 든든했어요. 제갈량의 지혜로 일을 하면 막히는 일 없이

술술 풀려나갔어요.

제갈량도 마음을 다해 유비를 섬겼어요. 유비는 항상 신하였던 제갈량을 스승님처럼 대하며 예를 갖추었어요.

장비와 관우는 그 모습을 보고 투덜댔어요.

"형님, 제갈량에게 너무 잘해주지 마십시오. 일개 신하에게 예의를 갖추는 것은 다른 사람이 보기에도 좋지 않습니다."

"맞습니다. 의형제인 우리보다 제갈량과 더 가깝다니, 섭섭합니다. 우리보다 제갈량이 더 중요한 거 아닙니까?"

그러자 유비가 웃으며 대답했어요.

"내가 제갈량을 만난 것은 물고기가 물을 만난 것과 같다네. 다시는 그런 말을 하지 말게나. 제갈량이 있기에 내 뜻을 더 잘 펼칠 수 있게 되지 않았는가?"

관우와 장비는 유비의 말에 담긴 깊은 뜻을 깨닫고, 더는 불평하지 않았답니다.

*정세: 일이 되어 가는 상황.
*책략: 어떤 일을 꾸미고 이루어 나가는 교묘한 방법.
*서서: 유비의 책략가.
*이민족: 언어, 풍습 등이 다른 민족.

제1장 가족과 친구의 소중함

3일차 수어지교

 한자의 뜻과 음을 읽으며 따라 써 보세요.

| 水 물 수 | 필순 4획 水 水 水 水 |

| 魚 물고기 어 | 필순 11획 魚 魚 魚 魚 魚 魚 魚 魚 魚 魚 魚 |

| 之 어조사 지 | 필순 4획 之 之 之 之 |

| 交 사귈 교 | 필순 6획 交 交 交 交 交 交 |

 이럴 때 사용해요!
- 진희가 어려워하던 문제를 도와준 후 나와 진희는 수어지교가 됐어.
- 솔직히 우리 사이가 수어지교만큼은 안 되잖아.

📅 월 일 ⏰ 오전/오후 :

뜻을 생각하며 또박또박 써 보세요.

| 수 | 어 | 지 | 교 | 水 | 魚 | 之 | 交 |

뜻 :

_____

| 수 | 어 | 지 | 교 | 水 | 魚 | 之 | 交 |

뜻 :

_____

고사성어를 사용해 나만의 문장을 만들어 보세요.

제1장 가족과 친구의 소중함 23

간담상조
肝膽相照

간 **간** 쓸개 **담** 서로 **상** 비칠 **조**

풀이 간과 쓸개를 서로에게 꺼내 보인다는 뜻으로, 친구 사이의 진정한 우정을 이르는 말이에요.

유래 당나라의 뛰어난 문인으로 유종원과 유우석이라는 사람이 있었어요. 둘은 글 쓰는 일에서도 마음이 통했고, 무척 친한 관계였어요.

유종원은 개혁을 하려다 다른 신하들의 반대에 부딪혀 유주 지역의 관리로 밀려났어요. 마침 친구인 유우석도 더 낮은 벼슬자리로 밀려나게 되었는데, 원래 살던 곳보다 훨씬 먼 지방이었지요. 유우석은 홀로 계신 어머니를 두고 떠나야 한다는 것 때문에 걱정이 깊었어요.

유우석은 유종원과 함께 이야기를 나누다 한숨을 깊이 쉬었어요.

"어머니가 가장 걱정된다네. 나이가 많이 드셨는데, 혹시 나 없는 사이에 아프시기라도 하면 어쩌겠는가. 모시고 갈 수도 없고, 두고 가자니 마음이 정말 무겁다네."

유종원은 유우석을 보고 마음이 아팠어요.

'친구가 힘들어하는 모습을 차마 두고 볼 수가 없구나.'

유종원 역시 쫓겨나는 처지였지만, 유우석이 이대로 밀려가는 것을 볼 수만은 없었어요.

유종원은 위험을 무릅쓰고 황제에게 나아가 말했어요.

"유우석은 홀로 된 어머니를 모시고 있습니다. 어머니가 연세가 많으셔서 힘드

시다 보니 유우석의 고민이 클 겁니다. 유우석 대신 제가 좀 더 먼 지방으로 가서 일할 수 있도록 선처*하여 주시옵소서."

"좋다. 그렇게 하도록 하라."

유종원의 간청으로 유우석은 좀 더 가까운 곳으로 갈 수 있었어요. 유우석은 그 소식을 듣고 무척 기뻐했어요.

훗날 유종원이 죽은 뒤에 한유라는 친구가 이들의 우정을 기록하는 글을 묘지에 남겼어요.

한유는 이렇게 말했지요.

"사람이 곤경에 처했을 때 비로소 그 진심이 나타난다. 서로에게 근심이 없을 때는 간도 쓸개도 꺼내어 보여줄 정도로 서로를 위해 살자고 맹세하지만, 손해를 보는 일이 생기면 언제 그랬냐는 듯 행동을 바꾸는 사람이 많다."

한유가 이 말을 쓴 것은 처음에는 사람들이 속을 터놓지만, 이해관계가 얽히면 도와주지 않는 사람이 많다는 것을 꼬집는 말이었어요.

하지만 훗날에는 유종원과 유우석처럼 서로의 마음을 드러내놓고 지낸다는 긍정적인 의미로 바뀌었답니다.

*선처: 형편에 따라 잘 처리함.

4일차 간담상조

 한자의 뜻과 음을 읽으며 따라 써 보세요.

肝 간 간
필순 7획 肝 肝 肝 肝 肝 肝 肝
肝

膽 쓸개 담
필순 17획 膽 膽 膽 膽 膽 膽 膽 膽 膽 膽 膽 膽 膽 膽 膽
膽

相 서로 상
필순 9획 相 相 相 相 相 相 相 相 相
相

照 비칠 조
필순 13획 照 照 照 照 照 照 照 照 照 照 照 照 照
照

이럴 때 사용해요!
- 동아리에서 우연히 만난 아름이와 현아는 간담상조하는 사이가 되어 항상 붙어 다녀.
- 내가 간담상조하는 후배를 소개해 줄게.

뜻을 생각하며 또박또박 써 보세요.

간 담 상 조　肝 膽 相 照

뜻 :

간 담 상 조　肝 膽 相 照

뜻 :

 고사성어를 사용해 나만의 문장을 만들어 보세요.

5일차

지음
知 音
알 **지**   소리 **음**

> **풀이** 소리를 듣고 안다는 뜻으로, 말하지 않아도 속마음을 알아주는 친구를 이르는 말이에요.

유래 중국의 춘추전국시대에 백아라는 사람이 살았어요. 백아는 거문고 연주를 무척 잘했어요. 거문고 연주에서는 따라올 자가 없을 정도로 유명했지요.

백아에게는 둘도 없는 친구가 있었는데, 그는 종자기였어요. 백아와 종자기는 서로 마음이 잘 통했어요. 백아가 거문고 연주를 하면 종자기는 눈을 감고 연주를 들었어요.

백아가 높이 솟은 태산을 생각하며 거문고를 연주하면, 종자기는 음악을 다 듣고서는 이렇게 말했어요.

"자네 연주는 언제 들어도 좋네. 마치 높디높은 태산에 있는 것 같네."

백아는 종자기가 음악 소리만 듣고도 알아맞히는 것에 놀랐어요.

어느 날에는 백아가 깊은 계곡과 강을 떠올리며 거문고 연주했어요. 종자기는 음악을 다 듣고 나서 이렇게 말했어요.

"역시 좋은 연주야. 마치 끝없이 펼쳐진 강이 눈앞에 보이는 것 같네."

백아는 종자기의 이야기를 듣고 또 놀랐어요.

"자네는 내 진정한 친구일세. 내 연주만 듣고도 바로 알아차리다니."

그 뒤로 백아와 종자기는 더 가깝게 지냈어요. 백아는 거문고 연주를 자주 했

고, 종자기는 그 연주를 즐겨 들었어요.

그러던 어느 날 종자기가 전염병에 걸려 크게 앓다가 결국 죽게 되었어요.

백아는 종자기가 죽었다는 소식을 듣고 매우 놀랐어요. 백아는 종자기의 무덤에 찾아가 슬퍼했어요.

"종자기, 자네가 없으니 내 연주가 무슨 소용이겠소. 말하지 않아도 내 뜻을 알아주는 이는 자네밖에 없었네."

그 후에 백아는 눈물을 흘리며 거문고의 줄을 끊어버렸어요. 그리고 백아는 그 뒤로 거문고 연주를 하지 않았어요. 사람들은 백아의 뛰어난 연주를 다시는 들을 수 없는 것이 안타까웠어요. 하지만 그만큼 백아와 종자기의 우정이 크다는 것에는 크게 감복*했답니다.

*감복: 마음속 깊이 감동함.

5 일차 지음

🏯 한자의 뜻과 음을 읽으며 따라 써 보세요.

| 知 알 지 | 필순 8획 知知知知知知知知 |

| 音 소리 음 | 필순 9획 音音音音音音音音音 |

죽마고우 竹馬故友
대나무로 만든 말을 타고 놀던 친구라는 뜻으로, 어릴 때부터 소꿉놀이를 하며 아주 친했던 친구를 이르는 말이에요.
예) 죽마고우인 그 둘은 이제 웃는 모습까지 닮아간다.

막역지우 莫逆之友
서로 스스럼없는 친구라는 뜻으로, 마음이 잘 맞는 친구를 이르는 말이에요.
예) 어려서부터 많이 싸우기도 했지만, 너는 내 유일한 막역지우인 거 알지?

- 미나는 유일하게 내 마음을 알아주는 지음이야.
- 내가 햄버거 먹고 싶은 거 어떻게 알고 사왔어? 역시 너는 나의 지음이야.

30 가장 쉬운 초등 고사성어 따라쓰기

📅   월   일   🕐 오전/오후   :

 뜻을 생각하며 또박또박 써 보세요.

| 지 | 음 | | | | 知 | 音 | | |

뜻 : _____

| 지 | 음 | | | | 知 | 音 | | |

뜻 : _____

 고사성어를 사용해 나만의 문장을 만들어 보세요.

제1장 가족과 친구의 소중함

6일차

반포지효
反哺之孝
돌이킬 반　먹일 포　어조사 지　효도 효

풀이 까마귀 새끼가 자라서 늙은 어미에게 먹이를 물어다 주는 효라는 뜻으로, 자식이 자란 후에 어버이의 은혜를 갚는 효성을 이르는 말이에요.

유래　진나라의 무왕이 나라를 다스리던 때였어요. 무왕은 덕망 있고 학식이 깊은 이밀이라는 신하를 매우 아꼈어요. 그래서 무왕은 이밀을 불러 높은 관직을 내렸어요. 하지만 이밀은 이를 거절한 뒤 오히려 관직에서 물러났어요.
　하루는 무왕이 다시 이밀을 불러 말했어요.
　"나라를 다스리는데 그대가 반드시 필요하오. 관직에 나와 나를 돕는다면 높은 벼슬을 주겠소."
　이밀은 그 말을 듣고 기뻐하지 않았어요. 오히려 벼슬을 거절하며 이렇게 말했어요.
　"성은*이 망극하옵니다.* 하지만 소인은 늙으신 할머니를 모셔야 하는 처지이옵니다. 전하의 뜻은 알겠으나 벼슬을 받을 수 없습니다."
　이밀의 말을 들은 무왕이 무척 화를 냈어요.
　"그대에게 두 번이나 관직을 내렸는데, 어찌 이번에도 거절할 수 있소?"
　그러자 이밀이 급히 머리를 조아리며 말했어요.
　"전하, 사람이 아닌 까마귀 새끼도 다 자라면 효도를 하옵니다. 늙은 어미에게 먹이를 물어다 주며 키워주신 은혜에 보답하는 것이지요. 소인에게는 연세가 많

　은 할머니가 있습니다. 부디 넓은 마음으로 소인을 헤아려 주시어 돌아가시기 전까지만이라도 할머니를 돌볼 수 있도록 허락하여 주시옵소서."

　무왕은 이밀의 효심에 감동해 큰 상을 내렸어요.

　까마귀는 자오 또는 반포조라고 하는데, 반포지효는 까마귀의 효도라는 뜻이에요. 까마귀가 알에서 깨어난 뒤 두 달 동안은 어미가 먹이를 물어다 키워요. 새끼가 다 자라고 나면 먹이를 잡기 힘든 어미를 위해 먹이를 구해 날라요. 사람들은 이것을 보고 까마귀가 어버이의 은혜에 정성으로 보답한다고 생각했어요. 효도를 한다고 생각한 것이지요.

　이밀은 까마귀의 예를 들어 자신의 지극한 효심을 비유하였고, 무왕 역시 흔쾌히 이밀이 할머니를 봉양*하도록 허락했어요. 반포지효는 여기에서 비롯된 말이랍니다.

*성은: 임금의 큰 은혜.
*망극하다: 임금이나 어버이의 은혜가 한이 없다.
*봉양: 부모나 조부모와 같은 웃어른을 모심.

6일차 반포지효

한자의 뜻과 음을 읽으며 따라 써 보세요.

反 돌이킬 반
필순 4획   反 反 反 反
反

哺 먹일 포
필순 10획   哺 哺 哺 哺 哺 哺 哺 哺 哺 哺
哺

之 어조사 지
필순 4획   之 之 之 之
之

孝 효도 효
필순 7획   孝 孝 孝 孝 孝 孝 孝
孝

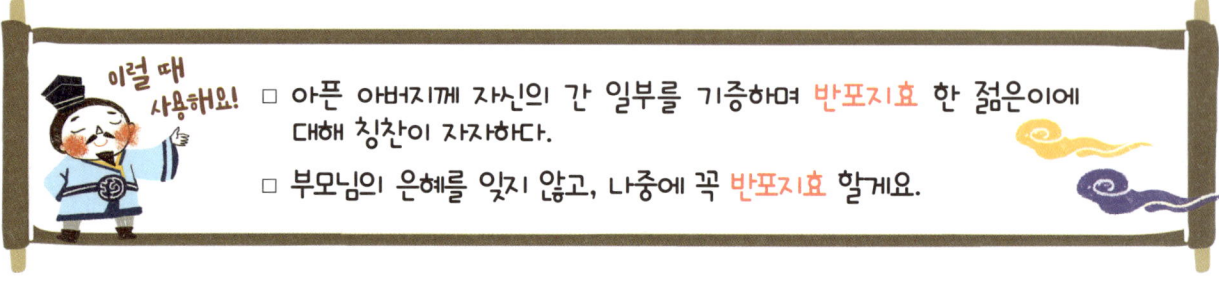

이럴 때 사용해요!

☐ 아픈 아버지께 자신의 간 일부를 기증하며 반포지효 한 젊은이에 대해 칭찬이 자자하다.

☐ 부모님의 은혜를 잊지 않고, 나중에 꼭 반포지효 할게요.

뜻을 생각하며 또박또박 써 보세요.

| 반 | 포 | 지 | 효 | 反 | 哺 | 之 | 孝 |

뜻:

| 반 | 포 | 지 | 효 | 反 | 哺 | 之 | 孝 |

뜻:

 고사성어를 사용해 나만의 문장을 만들어 보세요.

맹모삼천
孟母三遷
맏 맹   어머니 모   석 삼   옮길 천

풀이 맹자의 어머니가 세 번 집을 옮겼다는 뜻으로, 자식을 올바르게 키우기 위해서는 그만큼 환경이 중요하다는 말이에요.

유래 맹자는 중국의 유명한 학자예요. 맹자의 아버지는 어릴 때 돌아가셨어요. 맹자의 어머니는 홀로 어렵게 맹자를 키웠지요.

처음에 맹자는 공동묘지 근처에 살았어요. 공동묘지에는 무덤이 많았고, 무덤을 찾아와 장례를 하고 죽음을 슬퍼하며 우는 이들이 많았어요.

하루는 맹자가 이웃집 아이들과 어울려 노는데, 무덤에서 절을 하고 우는 흉내를 내고 있었어요. 맹자의 어머니가 그 모습을 보고 깜짝 놀랐어요.

"날마다 본 것이 장례를 치르는 모습이니, 아이가 무덤을 만들고 우는 모습을 따라 하는구나. 이대로 두어서는 안 되겠다."

맹자의 어머니는 이사를 해야겠다고 결심했어요.

이번에는 시장과 가까운 곳으로 이사를 갔어요. 근처 시장에서는 날마다 물건을 팔았고, 그곳에서는 물건을 파는 사람과 사는 사람들로 항상 붐볐지요. 어느 날 맹자는 친구들과 장사꾼 흉내를 내면서 놀았어요.

"오이 사세요, 아주 싱싱하고 맛있는 오이예요. 오늘은 특별히 하나 더 얹어 드려요!"

맹자의 어머니가 일을 하고 돌아오다가 맹자를 보았어요.

"시장 가까이에 사니, 거기서 본 것을 따라 하는구나. 이곳 역시 아이와 살기에

좋은 곳이 아니야. 다른 곳으로 가야겠다."

맹자의 어머니는 다시 집을 알아보고 이사를 했어요. 그곳 근처에는 서당이 있었어요. 날마다 심심하던 맹자는 서당 담장 밖으로 흘러나오는 소리에 귀를 기울였어요. 서당에서 훈장님은 글을 가르치기도 하였고, 아이들에게 인사를 하는 예절, 음식을 먹을 때의 예절도 가르쳐 주었지요.

"여기에서는 글공부를 하는구나."

맹자는 날마다 서당에서 흘러나오는 소리를 듣다 보니 어느새 자기도 모르게 서당의 학생들이 배우는 걸 보고 따라 하기 시작했어요. 어느 날 맹자의 어머니는 맹자가 서당의 학생들을 따라 예의 바르게 인사를 하는 모습을 보았어요.

"드디어 제대로 이사를 왔구나. 이제야 맹자를 제대로 키울 수 있겠어."

맹자의 어머니는 그곳에서 쭉 살았고 맹자는 열심히 공부하여 훗날 뛰어난 인물이 되었답니다.

7일차 맹모삼천

 한자의 뜻과 음을 읽으며 따라 써 보세요.

孟 맏 맹
필순 8획 孟 孟 孟 孟 孟 孟 孟 孟

母 어머니 모
필순 5획 ㄴ 母 母 母 母

三 석 삼
필순 3획 一 二 三

遷 옮길 천
필순 15획 遷 遷 遷 遷 遷 遷 遷 遷 遷 遷 遷 遷 遷 遷 遷

이럴 때 사용해요!

☐ 할머니는 맹모삼천의 지혜 덕분에 아빠가 잘되었다고 말씀하셨어.

☐ 엄마는 맹모삼천 못지않게 나에게 맞는 선생님을 이리저리 찾아다니셨어.

뜻을 생각하며 또박또박 써 보세요.

맹 모 삼 천　孟 母 三 遷

뜻:

맹 모 삼 천　孟 母 三 遷

뜻:

 고사성어를 사용해 나만의 문장을 만들어 보세요.

제1장 가족과 친구의 소중함　39

결초보은
結草報恩
맺을 결 풀 초 갚을 보 은혜 은

풀이 풀을 묶어 은혜를 갚다라는 뜻으로, 죽어서도 은혜를 잊지 않고 갚는다는 말이에요.

유래 진나라에 위무자라는 사람이 살았어요. 위무자는 부인이 죽자 나이 어린 새 부인을 맞이했어요. 둘은 서로를 무척이나 아끼고 사랑했지요.

그러던 어느 날 위무자가 큰 병에 걸렸어요. 당시 진나라에는 순장하는 풍습*이 있었어요. 남편이 죽으면 부인을 땅속에 함께 묻는 풍습이지요. 위무자는 새 부인을 아꼈던 터라, 아들인 위과를 불러 말했어요.

"순장 풍습을 지키지 않아도 좋다. 내가 죽으면 네 새어머니를 꼭 좋은 곳에 보내 드리거라."

위과는 그렇게 하겠다고 약속했어요.

그런데 위무자의 병이 점점 깊어졌어요. 위무자는 자신이 살날이 얼마 남지 않았다는 걸 느끼고 위과를 불렀어요. 그러고는 이렇게 말했지요.

"내가 죽은 뒤에는 반드시 네 새어머니를 같이 묻어다오."

앞서 말한 것과는 반대로 유언을 남긴 거예요. 얼마 뒤 위무자는 세상을 떠났어요. 사람들은 풍습대로 위무자의 새 부인을 순장해야 한다고 말했어요. 하지만 위과는 새어머니를 순장하지 않고, 다른 곳으로 시집 보내주었지요. 사람들이 그 이유를 묻자 위과가 대답했어요.

"아버지의 유언대로 순장하지 않겠습니다. 사람이 많이 아프면 정신이 혼미해져 올

바른 판단을 할 수 없습니다. 아버지께서 의식을 회복하셨을 때 말씀하신 지시를 따르는 것이 옳다고 생각합니다."

세월이 흐르고, 이웃 나라가 진나라를 침략했어요. 위과는 장군이 되어 적군인 두회와 맞붙어 싸우게 되었어요.

그러던 중 전쟁터에 홀연히 한 노인이 나타났어요. 그는 땅 위의 풀을 한데 모아 엮기 시작했어요. 노인이 무엇을 하는지는 아무도 몰랐어요.

위과와 두회는 말을 타고 맞붙어 싸웠어요. 그런데 그만 두회의 말이 달리다가 노인이 엮어놓은 풀에 걸려 넘어졌어요! 위과는 기회를 놓치지 않고 두회를 사로잡았고, 전쟁에서 크게 이겼답니다.

그날 밤 위과는 꿈을 꾸었어요. 꿈속에 전쟁터에서 보았던 그 노인이 나타났어요.

"나는 당신 새어머니의 아버지라오. 우리 딸을 살려주어서 정말 고마웠소. 내 죽은 뒤에라도 반드시 이 은혜를 갚으리라 했는데 기회가 없었소. 비로소 오늘에서야 풀을 묶어 보답할 수 있었다오. 이제는 마음 편히 떠날 수 있겠소."

노인은 그렇게 말을 하고는 홀연히 사라졌어요.

*풍습: 풍속과 습관을 아울러 이르는 말.

8일차 결초보은

 한자의 뜻과 음을 읽으며 따라 써 보세요.

結 맺을 결
필순 12획 結 結 結 結 結 結 結 結 結 結

草 풀 초
필순 10획 草 草 草 草 草 草 草 草 草 草

報 갚을 보
필순 12획 報 報 報 報 報 報 報 報 報 報 報

恩 은혜 은
필순 10획 恩 恩 恩 恩 恩 恩 恩 恩 恩 恩

이럴 때 사용해요!
- 어려울 때 도와주신 선생님께 어떻게 결초보은하면 좋을까?
- 이 은혜를 꼭 잊지 않고 있다가 언젠가 반드시 결초보은할게요.

📅 　월　　일　🕐 오전/오후　：

 뜻을 생각하며 또박또박 써 보세요.

| 결 | 초 | 보 | 은 | 結 | 草 | 報 | 恩 |

뜻 :

| 결 | 초 | 보 | 은 | 結 | 草 | 報 | 恩 |

뜻 :

 고사성어를 사용해 나만의 문장을 만들어 보세요.

제1장 가족과 친구의 소중함　43

연습문제

1 관포지교(管鮑之交)의 알맞은 뜻을 고르세요.

① 뜻이 맞는 사람끼리 모여 같은 목적을 이루기 위해 힘을 합친다는 말

② 변하지 않는 친구 사이의 두터운 우정을 이르는 말

③ 죽어서도 은혜를 잊지 않고 갚는다는 말

④ 끊임없이 노력하면 반드시 이루어진다는 말

2 다음 그림을 보고 떠오르는 고사성어를 한글로 써 보세요.

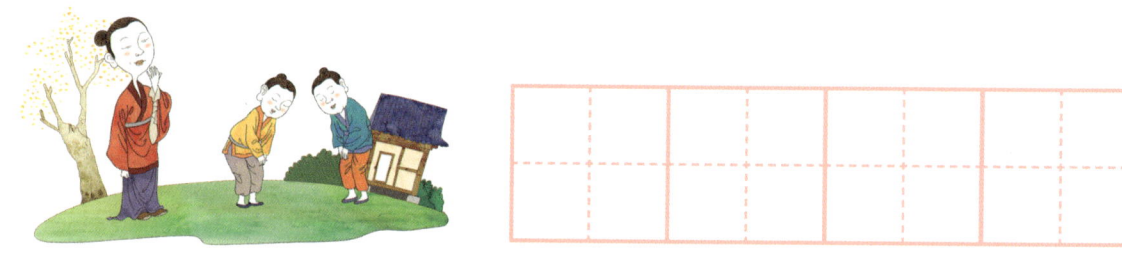

힌트 맹자의 어머니가 세 번 집을 옮겼다라는 뜻으로, 자식을 올바르게 키우기 위해서는 그만큼 환경이 중요하다는 말.

3 반포지효(反哺之孝)의 뜻을 써 보세요.

월   일   오전 :
              오후

4 다음 한자와 알맞은 음을 찾아 연결해 보세요.

① 桃園結義   •   • 수어지교

② 水魚之交   •   • 간담상조

③ 肝膽相照   •   • 맹모삼천

④ 孟母三遷   •   • 도원결의

5 뜻과 음에 알맞게 다음 한자를 완성해 보세요.

①
 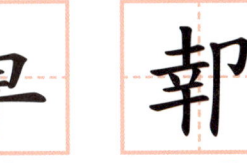 

결 結   풀 초   갚을 보   은혜 은
맺을

②

알 지   소리 음

앞에서 배운 고사성어 중 가장 기억에 남는 고사성어 하나를 써 보고,
이유를 말해 보세요.

 가장 기억에 남는 고사성어 :

 이유 :

제1장 가족과 친구의 소중함 45

제 2 장
노력의 가치

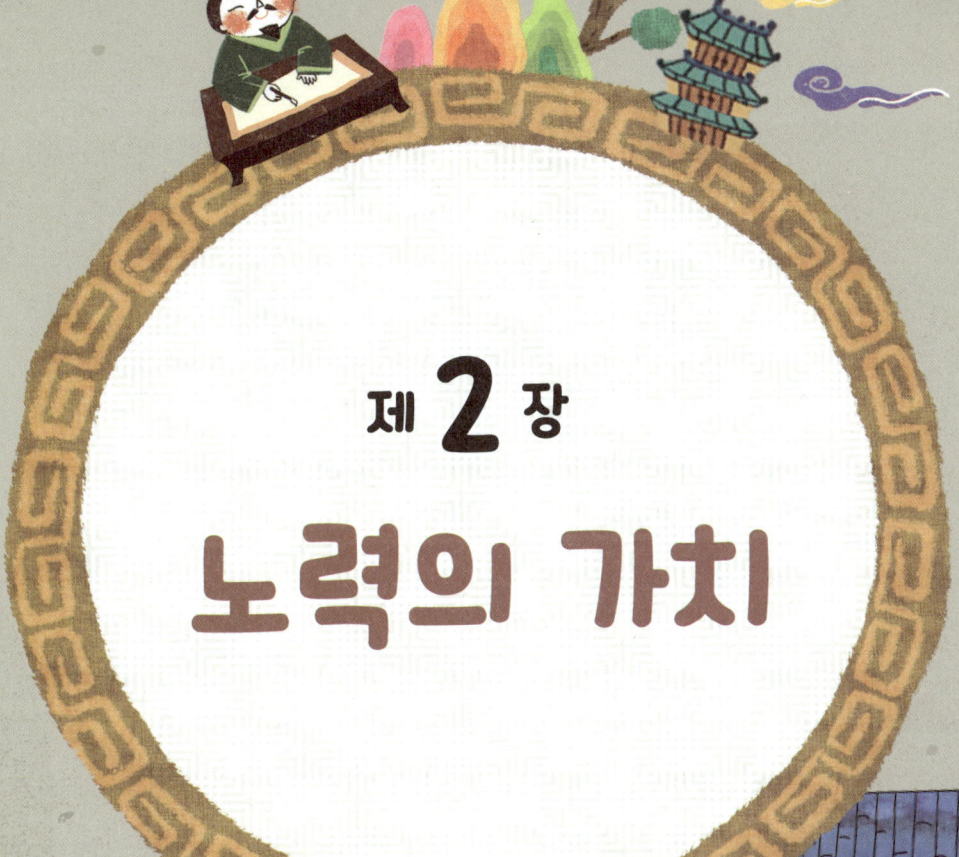

✔ **매일매일 체크하기!**

- ☐ 9일차 **형설지공**
- ☐ 10일차 **우공이산**
- ☐ 11일차 **마부작침**
- ☐ 12일차 **위편삼절**
- ☐ 13일차 **괄목상대**
- ☐ 14일차 **대기만성**
- ☐ 15일차 **화룡점정**
- ☐ 16일차 **등용문**
- ☐ **연습 문제**

9일차

형설지공
螢雪之功

반딧불이 **형** 눈 **설**   어조사 **지**   공 **공**

> **풀이** 반딧불이 불빛과 눈의 빛으로 이룬 성공이라는 뜻으로, 온갖 어려움 속에서도 공부하는 자세를 이르는 말이에요.

유래 진나라에 차윤이라는 사람이 있었어요. 아주 부지런하고 성실했지요. 낮에는 열심히 일하고 저녁에는 차분하게 글공부를 하는 것이 차윤의 가장 큰 즐거움이었어요. 하지만 책 읽기를 좋아하는 차윤에게는 낮이 너무 짧았어요. 일하고 들어와 책을 읽으려고 하면 금세 해가 졌기 때문이지요. 밤에 책을 읽으려면 등잔 기름이 필요한데 차윤의 집은 가난해서 기름을 살 돈이 없었거든요.

'등불 없이도 책을 읽을 수 있다면 얼마나 좋을까?'

차윤은 걱정이 이만저만이 아니었어요.

"온 가족이 함께 써야 하는 등잔 기름을 나 혼자 다 쓰고 말겠어."

차윤은 틈만 나면 고민을 했어요.

어느 날, 차윤은 주위가 어두워진 줄도 모른 채 고민에 빠져있었어요. 어느새 저녁이 되었고 어두운 하늘에는 반딧불이가 어지럽게 날아다니고 있었지요. 차윤은 그 모습을 보고 무릎을 탁 쳤답니다.

"그래, 바로 저거야!"

차윤은 주머니를 구해 반딧불이를 모아 담았어요. 반딧불이 주머니는 책상 위를 환하게 밝혀주었어요. 차윤은 그 불빛을 등불 삼아 날마다 열심히 공부했어요. 그 노력은 헛되지 않아 훗날 이부상서*라는 높은 벼슬까지 올랐답니다.

한편, 진나라에는 손강이라는 사람이 살았어요. 손강 또한 글 읽기를 좋아했지만, 집이 매우 가난했어요. 손강은 밥값을 아껴 등잔 기름을 살 정도로 공부를 열심히 했답니다. 하지만 아무리 돈을 아껴도 등잔 기름을 넉넉하게 살 형편이 되지 않았지요.

'밤을 새워 공부를 해도 모자란 게 벼슬길인데, 이제 어찌하면 좋을까?'

손강은 고민이 되어 잠을 이룰 수 없었어요. 끝내 자리에서 일어나 밖으로 나갔지요. 문밖에는 밤새 눈이 내려 쌓여 있었고 하얀 눈의 빛은 등잔 불빛보다도 더 밝게 주위를 밝히고 있었어요. 손강은 냉큼 방으로 들어가 책 한 권을 들고 나 와 눈에 비춰 보았어요.

"이럴 수가! 눈의 빛으로도 글을 볼 수 있다니! 이제 밤에도 공부할 수 있겠어!"

손강은 그날부터 하루도 쉬지 않고 밤마다 책을 들고 밖으로 나왔어요.

"아, 살이 떨어져 나갈 듯하구나."

한겨울이라 매서운 추위가 살을 파고 들었지만 손강은 포기하지 않았지요. 그러한 손강의 노력은 그를 모른 척하지 않았어요. 결국 과거에 급제하여 어사대부*라는 높은 벼슬에 올랐답니다.

*이부상서: 내무장관.
*어사대부: 감찰원장.

제2장 노력의 가치 49

9일차 형설지공

한자의 뜻과 음을 읽으며 따라 써 보세요.

| 螢 반딧불이 형 | 필순 16획 螢螢螢螢螢螢螢螢螢螢螢螢螢螢螢螢 |

| 雪 눈 설 | 필순 11획 雪雪雪雪雪雪雪雪雪雪雪 |

| 之 어조사 지 | 필순 4획 之之之之 |

| 功 공 공 | 필순 5획 功功功功功 |

이럴 때 사용해요!

☐ 소희는 형설지공의 노력 끝에 원하는 꿈을 이뤘어.
☐ 형설지공으로 공부하지 않으면 명문대학에 가기 어려워.

📅 　월　　일　⏰ 오전/오후 　：

 뜻을 생각하며 또박또박 써 보세요.

| 형 | 설 | 지 | 공 | 螢 | 雪 | 之 | 功 |

뜻 :
_____
_____ ✏

| 형 | 설 | 지 | 공 | 螢 | 雪 | 之 | 功 |

뜻 :
_____
_____ ✏

 고사성어를 사용해 나만의 문장을 만들어 보세요.

제2장 노력의 가치　51

우공이산
愚公移山
어리석을 우 공평할 공 옮길 이 메 산

풀이 우공이 산을 옮기다라는 뜻으로, 어떤 일이라도 끊임없이 노력하면 반드시 이루어진다는 말이에요.

유래 옛날 중국 북산에 우공이라는 노인이 살고 있었어요. 우공이 사는 북산은 태형산과 왕옥산에 둘러싸인 곳이었어요. 높고 험한 두 산에 둘러싸여 살다 보니 나갈 때나 들어올 때나 멀리 돌아다녀야 하는 불편함이 너무 컸어요. 곧 90세를 바라보는 우공은 가만히 있을 수가 없었지요.

하루는 우공이 온 가족들을 불러 모은 뒤에 상의했어요.

"우리 가족이 힘을 합쳐 저 두 산을 다른 곳으로 옮기는 것이 어떻겠느냐?"

그러자 아들과 손자들은 우공의 의견에 찬성했어요. 우공의 부인만 자신의 귀를 의심했어요.

"지금 당신의 나이가 얼마인지 알고 하는 말이에요? 게다가 태형산과 왕옥산은 높고 험하기로 이름이 난 곳이라고요. 그 산들을 어떻게 평평하게 할 수 있다는 거예요? 그리고 땅을 팔 때 나오는 흙과 돌들은 어디로 옮기려고 그래요?"

그러자 아들과 손자들이 입을 모아 대답했어요.

"그건 바다에 버리면 되니 걱정하지 마세요."

우공은 곧 세 아들과 손자를 데리고 산을 올랐어요. 산에 오른 우공과 자손들은 돌을 깨트리고 땅을 판 후 들것에 담아 바다로 옮겼어요.

하지만 바다까지의 거리가 멀어 계절이 네 번 바뀌는 동안 겨우 한 번 다녀올

수 있었어요.

그 모습을 본 황하 사람 지수는 우공을 비웃으며 말했지요.

"우공 자네는 참 어리석군. 자네의 힘으로는 살아있는 동안 산 위의 풀 한 포기도 없애기 어려울 텐데, 흙과 돌을 어떻게 옮긴다는 말인가?"

"내가 보기에 자네는 생각이 꽉 막힌 것 같군. 내가 못 하면 아들이 하고, 아들이 못 하면 또 손자가 하면 되지 않는가? 손자가 다 못 하면 또 어떤가? 그 손자의 아들이 하면 되지 않겠는가? 산은 더 높아지지 않을 것이니 결국 언젠가는 평평해지지 않겠는가 말이야."

그 말을 듣고 놀란 건 지수뿐만이 아니었어요. 두 산에 살던 산신령들도 산이 사라져 살 곳을 잃을까 두려워 옥황상제를 찾아가 하소연을 했지요.

"옥황상제님, 우공 좀 말려주십시오. 산이 사라지면 저희는 어디서 산단 말입니까?"

산신령들의 말을 들은 옥황상제는 우공을 말리기는커녕 오히려 그의 노력과 정성에 감동하여 두 산을 옮겨주었답니다. 우공과 그의 자손들은 더 이상 애를 쓰지 않고도 편하게 길을 다닐 수 있게 되었지요.

제2장 노력의 가치 53

10일차 우공이산

 한자의 뜻과 음을 읽으며 따라 써 보세요.

| 愚 어리석을 우 | 필순 13획 愚愚愚愚愚愚愚愚愚愚愚愚愚 |

| 公 공평할 공 | 필순 4획 公公公公 |

| 移 옮길 이 | 필순 11획 移移移移移移移移移移移 |

| 山 메 산 | 필순 3획 山山山 |

 이럴 때 사용해요!
- 그 사람은 언제나 **우공이산**의 마음가짐으로 일을 해.
- **우공이산**이라는 말을 마음속에 두고 일하면 못 이룰 일이 없을 거야.

뜻을 생각하며 또박또박 써 보세요.

우 공 이 산 愚 公 移 山

뜻 :

우 공 이 산 愚 公 移 山

뜻 :

 고사성어를 사용해 나만의 문장을 만들어 보세요.

마부작침
磨斧作針
갈 마　도끼 부　지을 작　바늘 침

풀이 도끼를 갈아서 바늘을 만든다는 뜻으로, 아무리 어려운 일이라도 끊임없이 노력하면 성공할 수 있다는 말이에요.

유래　이백은 당나라뿐 아니라 중국 역사를 대표하는 유명한 시인이에요. 이백은 아버지를 따라 촉나라에서 어린 시절을 보냈어요. 아름다운 자연을 누비며 즐겼던 이백은 10살 때부터 신동이라는 말을 들었을 만큼 시와 글에 뛰어난 재능을 보였지요.

하지만 이백의 아버지는 그런 아들을 볼 때마다 걱정하지 않을 수 없었어요. 책상에 앉아 공부하는 모습을 볼 수가 없었기 때문이지요. 이백은 날마다 친구들과 노느라 해가 지는 줄 몰랐거든요.

어느 날 아버지는 이백을 불러 물었어요.

"어찌하여 너는 시와 글쓰기는 좋아하면서 공부를 멀리하느냐?"

"공부는 재미없어요. 친구와 노는 것만도 바쁘다고요."

이백의 말에 아버지는 더 고민하지 않았어요. 다음 날 바로 스승을 구해 이백을 상의산으로 들여보냈지요. 하지만 이백의 인내심은 아버지의 기대에 미치지 못했어요.

"아, 날마다 책상 앞에 앉아 공부만 하려니 좀이 쑤셔 견딜 수가 없구나!"

기회를 엿보던 이백은 마침내 스승 몰래 산을 빠져나올 수 있었어요.

"빨리 내려가서 친구를 만나야지. 빨리!"

그렇게 한참을 내려가다 보니 웬 할머니가 냇가에 앉아 있었어요. 할머니에게 다가간 이백은 어처구니없는 광경에 입이 떡 벌어졌지요. 할머니는 냇가의 돌 위에 도끼를 올려놓고는 쓱쓱 갈고 있었던 거예요.

"할머니, 도끼로 뭘 하고 계시는 거예요?"

"바늘을 만들고 있단다."

"네? 도끼로 바늘을 만든다고요?"

이백은 할머니의 말을 듣고 기가 막혀 웃음이 났어요.

"할머니, 농담이시죠? 도끼가 어떻게 바늘이 돼요?"

"농담이 아니란다. 내가 포기하지만 않으면 이 커다란 도끼도 결국 바늘이 될 수 있지."

순간, 이백은 할머니의 마지막 말에 뒤통수를 '꽝' 하고 얻어맞은 것 같았어요.

'그래, 끊임없이 노력하면 안 될 일이 없지. 나도 공부를 계속해봐야겠어.'

이백은 친구를 만나려던 마음을 접고 다시 산으로 올라가 열심히 공부했어요. 그리고 포기하고 싶을 때마다 그 할머니의 말씀을 떠올렸어요.

그렇게 끊임없이 노력한 이백은 결국 중국 최고의 시인이 되었답니다.

제2장 노력의 가치

11일차 마부작침

🏯 한자의 뜻과 음을 읽으며 따라 써 보세요.

磨 갈 마
필순 16획

斧 도끼 부
필순 8획

作 지을 작
필순 7획

針 바늘 침
필순 10획

이럴 때 사용해요!

☐ 일단 시작한 일은 **마부작침**의 자세로 끝까지 마무리할 거야.

☐ **마부작침**의 노력을 기울여 이번 올림픽에서 꼭 금메달을 따겠어요.

뜻을 생각하며 또박또박 써 보세요.

| 마 | 부 | 작 | 침 | 磨 | 斧 | 作 | 針 |

뜻 :

| 마 | 부 | 작 | 침 | 磨 | 斧 | 作 | 針 |

뜻 :

고사성어를 사용해 나만의 문장을 만들어 보세요.

제2장 노력의 가치

위편삼절
韋編三絶
가죽 위   엮을 편   석 삼   끊을 절

풀이 책을 묶은 가죽끈이 세 번이나 끊어졌다는 뜻으로, 책을 열심히 읽는다는 말이에요.

유래 공자는 중국의 위대한 사상가이며, 정치가이고 교육자예요. 가난한 집에서 태어나 불우한 유년 시절을 보내기는 했지만 어려서부터 학문을 즐겨서 박학다식*했어요. 소문을 들은 사람들은 그를 스승으로 모시고 배우겠다며 수없이 몰려들었고, 여러 나라를 돌아다니며 제자들을 가르치게 되었지요.

세월이 흐르고 공자는 고향인 노나라로 돌아와 교육과 집필을 하며 노년을 보내게 되었답니다. 고향에 돌아온 뒤에는 줄곧 〈주역〉이라는 책만 읽었어요. 그 모습이 의아했던 제자는 어느 날 공자에게 물었어요.

"스승님은 왜 항상 〈주역〉만 읽으십니까?"

"이 책에는 우주의 원리와 자연의 이치가 잘 나와 있지. 하지만 내용이 어려워서 풀어 놓아야 할 것 같더구나. 내가 그리 해두면 후세 사람들이 쉽게 볼 수 있지 않겠느냐. 그래서 자꾸 읽는 것이지."

그 후에도 공자는 밤낮으로 〈주역〉 책을 보고 또 보면서 해석하는 데 온 힘을 기울였어요.

그러던 어느 날 다시 책을 읽으려고 펼치던 순간 '투둑' 하는 소리와 함께 끈이 끊어져 버렸지요. 공자가 살던 시대는 아직 종이가 발명되기 전이에요. 그러니까 공자가 읽은 책은 종이책이 아니라 대나무를 쪼개어 가죽끈으로 엮어 만든 '죽간'

이라는 책이었던 것이지요. 죽간은 종이책과 달리 아주 무거웠어요. 그런 책을 읽고 읽고 또 읽다 보니 책의 끈이 끊어져 버리고 만 것이에요.

"이런, 책의 끈이 또 끊어졌구나."

공자의 말에 옆에 있던 제자가 얼른 받아가며 말했어요.

"스승님, 이리 주십시오. 제가 다시 끈을 꿰어 오겠습니다."

공자는 이 〈주역〉 책을 삼천 번이나 읽었다고 해요.

그렇게 열심히 책을 읽는데 책 끈인들 남아나겠어요?

그 뒤로도 공자의 〈주역〉은 가죽끈이 세 번이나 더 끊어졌어요. 그렇게 평생을 공부만 하며 산 공자인데도 나이가 들어 쇠약해지자 제자들에게 이렇게 말했다고 해요.

"나는 더 공부하고 연구해야 하는데 그러지 못하는 것이 아쉽구나."

공자는 그 뒤로도 생을 마감할 때까지 제자들을 가르치며 글 쓰는 일을 게을리 하지 않았어요. 그리고 틈틈이 어려운 책들을 다시 풀어 정리하며 73세까지 살았답니다.

*박학다식: 학식이 넓고 아는 것이 많음.

제2장 노력의 가치 61

12일차 위편삼절

 한자의 뜻과 음을 읽으며 따라 써 보세요.

韋 가죽 위
필순 9획 韋 韋 韋 韋 韋 韋 韋 韋 韋
韋

編 엮을 편
필순 15획 編 編 編 編 編 編 編 編 編 編 編 編 編 編 編
編

三 석 삼
필순 3획 三 三 三
三

絶 끊을 절
필순 12획 絶 絶 絶 絶 絶 絶 絶 絶 絶 絶 絶 絶
絶

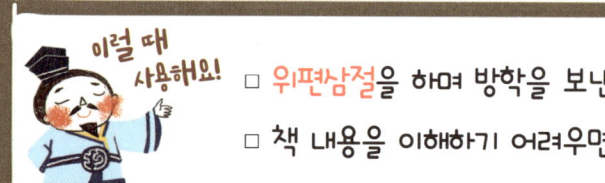
- 위편삼절을 하며 방학을 보낸 덕분에 독서상을 받았어.
- 책 내용을 이해하기 어려우면, 위편삼절 해보는 게 어때?

📅 　 월　　 일　 🕐 오전
　　　　　　　　　 오후 ：

뜻을 생각하며 또박또박 써 보세요.

| 위 | 편 | 삼 | 절 | 韋 | 編 | 三 | 絶 |

뜻 :

_____

| 위 | 편 | 삼 | 절 | 韋 | 編 | 三 | 絶 |

뜻 :

_____

고사성어를 사용해 나만의 문장을 만들어 보세요.

괄목상대
刮目相對
비빌 **괄**　눈 **목**　서로 **상**　대할 **대**

풀이 눈을 비비고 다시 보며 상대방을 대한다는 뜻으로, 상대방의 학식이나 업적이 몰라보게 발전했다는 말이에요.

유래　오나라에 여몽이라는 장수가 있었어요. 그는 어릴 적 고아로 자라면서 제대로 공부를 하지 못해서 낫 놓고 기역 자도 모를 지경이었지만, 무술 실력은 타의 추종*을 불허할 만큼 뛰어났지요.

　오나라의 왕 손권은 여몽을 무척 아끼면서도 배움이 적은 것이 늘 마음에 걸렸어요.

"그대는 나랏일을 함께 하는 아주 중요한 사람이네. 알고 있겠지만 나랏일에는 여러 가지가 있어서 그것을 꾸려나가려면 다방면으로 아는 게 많아야 하지. 그러니 그대도 이제부터 책을 좀 읽어서 배움을 좀 쌓는 게 어떻겠나?"

　손권의 말을 들은 여몽은 생각도 깊이 하지 않고 대답했어요.

"군에 있으면 일이 많아서 책을 읽을 여유가 없지 않겠습니까?"

　여몽의 물음에 손권은 버럭 화를 내고 말았어요.

"나는 자네들이 박사가 되길 원하는 것이 아니네. 나랏일을 하려면 최소한 역사에 어떤 일이 있었는지는 알아야 하지 않겠는가? 조조*는 늙어서의 배움조차 좋다고 했거늘, 어찌 그대들은 바쁘다고만 하는 것인가?"

　손권의 말을 들은 여몽은 자신의 생각이 틀렸음을 깨달았어요. 그때부터 열심히 글을 읽으며 학문을 익히기 시작했고, 꾸준히 식견을 넓혀갔지요. 시간이 지

날수록 여몽은 무서울 정도의 무예와 지혜를 갖춘 명장 중의 명장이 되어가고 있었지요.

어느 날 노숙이 부임지*로 가던 중 여몽이 머무는 곳에 들러 잠시 이야기를 나누게 되었어요. 노숙은 학문과 지식이 뛰어난 정치가였는데, 오랜만에 만난 여몽과 이야기를 나누다 깜짝 놀라 말했어요.

"나는 지금껏 자네를 단지 무예만 뛰어난 동생쯤으로 여겼는데, 이제 와서 보니 내가 한참 잘못 보았군 그래."

노숙은 여몽의 배움이 얕은 것을 알고 종종 무시하곤 했거든요. 놀라는 노숙에게 여몽은 이렇게 대답했어요.

"아닙니다. 모름지기 사람이란 헤어져 사흘이 지나 만나면, 눈을 비비고 다시 대해야 할 정도로 달라져야 하는 법이지요."

오나라의 명장으로 무예뿐 아니라 지혜까지 갖추었던 여몽은 비록 40여 살이라는 짧은 나이에 죽었지만, 지금까지도 훌륭한 명장으로 일컬어지고 있답니다.

*추종: 남의 뒤를 따라서 좇음.
*조조: 중국 삼국시대 위나라를 세운 인물.
*부임지: 임무를 받아 일하는 곳.

제2장 노력의 가치

13일차 괄목상대

한자의 뜻과 음을 읽으며 따라 써 보세요.

刮 비빌 괄
필순 8획 | 刮 刮 刮 刮 刮 刮 刮 刮
刮

目 눈 목
필순 5획 | 目 目 目 目 目
目

相 서로 상
필순 9획 | 相 相 相 相 相 相 相 相 相
相

對 대할 대
필순 14획 | 對 對 對 對 對 對 對 對 對 對 對 對 對 對
對

 이럴 때 사용해요!

☐ 그녀는 피나는 연습으로 피아노 연주 실력이 괄목상대했어.
☐ 베트남 축구는 박항서 감독이 부임한 후 괄목상대한 성장을 했어.

뜻을 생각하며 또박또박 써 보세요.

| 괄 | 목 | 상 | 대 | 刮 | 目 | 相 | 對 |

뜻 :

| 괄 | 목 | 상 | 대 | 刮 | 目 | 相 | 對 |

뜻 :

 고사성어를 사용해 나만의 문장을 만들어 보세요.

제2장 노력의 가치 67

대기만성
大器晚成
큰 대　그릇 기　늦을 만　이룰 성

풀이 큰 그릇을 만드는 데 시간이 오래 걸린다는 뜻으로, 크게 될 사람은 늦게라도 성공한다는 말이에요.

유래　위나라에 최염이라는 장군이 있었어요. 평소 인품과 능력이 뛰어난 최염은 풍채 또한 훌륭하여 주위 사람들의 호감을 한 몸에 받았어요.

　최염에게는 최림이라는 사촌 동생이 있었어요. 최림은 가슴 속에 품은 뜻과 재주는 뛰어났지만 용모가 변변하지 않아 출셋길*에도 오르지 못 하고 항상 최염과 비교를 당해야 했지요.

　최림은 그런 일을 당할 때마다 비참한 기분이 되었지만 참을 수밖에 없었어요.

　'내가 이들에게 무어라 할 수 있단 말인가, 이런 대우를 받아도 할 말이 없는 것을.'

　하루는 친척들이 다 같이 모이게 되었는데, 친척들은 최염을 보자마자 입이 마르도록 칭찬하기 시작했어요.

　"최염 자네는 벌써 조조의 신임도 얻었다면서?"

　"나는 일찍이 자네가 크게 될 줄 알았네."

　"아닙니다."

　최염은 부끄러워 손사래를 쳤어요.

　입에 침이 마르도록 최염의 칭찬을 늘어놓던 친척들은 옆에 있던 최림에게 눈길을 돌렸어요.

"자네는 그 나이를 먹도록 무엇을 한 것인가?"
"대체 벼슬길에 오를 생각이 있긴 한 건가?"
최림은 아무런 대답도 할 수가 없었어요. 입을 꾹 다문 채 앉아 있기도 민망하여 밖으로 나왔지요. 이를 조용히 지켜보던 최염은 곧바로 그 뒤를 따라 나왔어요. 최염은 최림의 어깨에 손을 얹으며 위로했지요.
"너무 속상해 말게나. 절에 있는 큰 종도 완성되려면 오랜 시간이 걸린다네. 그뿐인가, 큰 솥은 어떤가? 하루아침에 뚝딱 만들어지던가? 난 알고 있네. 자네는 분명 큰 인물이 될 게야. 남들보다 조금 늦을 뿐이지. 그러니 노력을 게을리하지 말게."
"그럴까요? 알겠습니다, 형님! 정말 고맙습니다."
최림은 최염의 말에 위로를 받았어요. 그리고 그 고마움을 잊지 않고 더 열심히 노력하기로 결심했지요. 그렇게 더욱 열심히 글공부에 매진한 최림은 마침내 관직을 얻었어요. 그러고도 노력을 멈추지 않은 최림은 왕의 가장 가까운 곳에서 일하는 재상이 되었답니다.

*출셋길: 사회적으로 높은 지위에 오르거나 유명하게 되는 방면.

제2장 노력의 가치

14일차 대기만성

한자의 뜻과 음을 읽으며 따라 써 보세요.

大 큰 대
필순 3획 大 大 大
大

器 그릇 기
필순 16획 器 器 器 器 器 器 器 器 器 器 器 器 器 器 器 器
器

晩 늦을 만
필순 11획 晩 晩 晩 晩 晩 晩 晩 晩 晩 晩 晩
晩

成 이룰 성
필순 7획 成 成 成 成 成 成 成
成

이럴 때 사용해요!

- 올해 연기대상을 탄 그 배우는 오랜 무명 시절을 견뎌낸 대기만성형 배우야.
- 아직은 포기하지 마. 인내심을 가지고 노력하면 분명 대기만성할 거야.

뜻을 생각하며 또박또박 써 보세요.

| 대 | 기 | 만 | 성 | 大 | 器 | 晚 | 成 |

뜻 :

| 대 | 기 | 만 | 성 | 大 | 器 | 晚 | 成 |

뜻 :

고사성어를 사용해 나만의 문장을 만들어 보세요.

화룡점정
畵龍點睛
그림 화　용 룡　점 점　눈동자 정

풀이 용을 그리고 마지막으로 눈동자를 그려 넣는다는 뜻으로, 가장 중요한 부분을 마무리함으로써 일을 완벽하게 끝낸다는 말이에요.

유래　양나라에 장승요라는 사람이 있었어요. 그는 높은 관직 생활도 했지만, 그림 실력이 뛰어나 화가로서의 이름을 더 널리 알렸답니다.

하루는 안락사*의 주지 스님이 장승요를 찾아와 물었지요.

"왕의 명이오. 절의 벽에 네 마리의 용을 그려 주시오. 시간은 얼마나 걸리겠소?"

장승요는 머뭇거리지 않았지요.

"사흘이면 충분합니다."

그러고는 곧장 안락사로 가 그림을 그리기 시작했어요. 사흘 동안 꼬박 벽화를 그린 장승요는 그림이 완성되자 사람들에게 공개했지요. 용 벽화를 본 사람들은 하나같이 감탄하며 말했어요.

"내 생에 이렇게 멋진 그림은 처음 봅니다."

"마치 용이 살아서 움직이는 것 같지 않습니까?"

그런데 누군가가 조심스럽게 말했어요.

"용의 눈이 없어요. 자세히 보세요. 네 마리 모두 눈동자를 안 그렸다고요."

그러자 그림을 보던 많은 사람들이 웅성거리기 시작했어요. 마침 안락사의 주지 스님도 그것이 궁금하던 참이었지요. 장승요는 그 상황을 짐작하고 있었기 때

문에 놀라지 않았어요. 주지 스님은 장승요에게 다가와 말했어요.

"저도 궁금합니다. 용의 눈동자는 왜 그리지 않았습니까?"

스님의 물음에 장승요는 잠시 망설이더니 입을 열었어요.

"용의 눈동자를 그리는 건 어렵지 않습니다. 다만 눈동자를 그려 넣으면 용이 하늘로 날아 올라가 버릴 것입니다."

장승요의 말에 모두들 큰 소리로 웃었어요.

"어디 한번 그려보라고 해. 좋은 구경 한번 해 보세."

주지 스님도 사람들의 생각과 크게 다르지 않았는지 장승요에게 다시 청했어요.

"눈동자를 그려 주십시오. 그래야 벽화가 완성되지 않겠습니까?"

"만약에 용이 날아가더라도 제게 책임을 묻지 마십시오."

장승요는 한참을 망설이다 한 마리의 용 그림에 점을 찍어 눈동자를 완성하였어요. 그리고 두 번째 용 그림에도 눈동자를 완성했지요. 바로 그때였어요. 갑자기 천둥과 번개가 치기 시작하면서 눈동자를 그려 넣었던 용 두 마리가 움직이며 벽을 차고 나와 하늘로 올라갔어요.

사람들이 다시 벽을 보았을 때는 두 마리의 용 그림만 남아있었답니다.

*안락사: 중국 남북조시대에 있던 절 이름.

15일차 화룡점정

한자의 뜻과 음을 읽으며 따라 써 보세요.

| 畫 그림 화 | 필순 13획 | 畫 畫 畫 畫 畫 畫 畫 畫 畫 畫 畫 畫 畫 |

| 龍 용 룡 | 필순 16획 | 龍 龍 龍 龍 龍 龍 龍 龍 龍 龍 龍 龍 龍 龍 龍 龍 |

| 點 점 점 | 필순 17획 | 點 點 點 點 點 點 點 點 點 點 點 點 點 點 點 點 點 |

| 睛 눈동자 정 | 필순 13획 | 睛 睛 睛 睛 睛 睛 睛 睛 睛 睛 睛 睛 睛 |

이럴 때 사용해요!

□ 그는 시합에서 우승하고 받은 상금 전액을 기부해 화룡점정을 찍었어.

□ 원피스에 예쁜 리본을 다니 화룡점정이군.

뜻을 생각하며 또박또박 써 보세요.

화 룡 점 정　　畵 龍 點 睛

뜻 :

화 룡 점 정　　畵 龍 點 睛

뜻 :

 고사성어를 사용해 나만의 문장을 만들어 보세요.

16일차

등용문
登龍門
오를 등　용 용　문 문

풀이 용문을 오른다는 뜻으로, 어려운 관문을 통과하여 크게 이름을 떨친다는 말이에요.

유래 중국 황하 상류에는 용문이라는 계곡이 있어요. 용문에는 봄이면 수많은 물고기들이 바다와 강에서 몰려들어 상류로 거슬러 올라가려고 다투지요. 그런데 이곳의 물줄기가 너무 세차고 물살조차 빨라서 웬만한 물고기는 어림도 없는 일이었지요.

"용문 계곡을 오르면 용이 될 수 있대."
"그게 정말이야?"
"그럼. 온갖 힘센 물고기들이 다 보인 것을 봐도 모르겠어?"

물고기들은 너도나도 용이 되고 싶어 물줄기를 거슬러 올라가 보지만 중간도 이르지 못해 아래로 곤두박질치기 일쑤였어요. 한 해 동안 용문을 올라간 물고기 수가 겨우 70여 마리뿐이었지요. 물줄기의 아래쪽에는 올라가지 못한 물고기들이 수천 마리나 몰려 있어요. 그만큼 용문은 오르기 어려운 곳이었답니다.

한편, 중국 한나라에 이응이라는 정직한 관리가 있었어요. 매우 꼿꼿한 성품을 가지고 있어 궁중의 힘 있는 관리들조차도 이응을 두려워했답니다. 욕심 많고 잔인한 지방의 현령 장삭도 그랬답니다. 죄 없는 사람을 죽이고는 이응이 무서워 도망가 형 장양의 집 기둥 안에 숨어 있었지요. 이 사실을 알게 된

이응은 병사를 이끌고 가서 그 집의 기둥을 쪼개 그를 잡아 죽여버렸어요.

며칠 뒤 황제는 곧바로 이응을 불러들였어요. 그러고는 직접 따져 물었지요.

"내 허락도 없이 죄인을 죽인 까닭이 무엇이냐?"

이응은 조금도 굽히지 않고 대답했어요.

"그자는 그럴 만한 죄를 지었습니다. 너무 늦은 처벌이라고 꾸짖으실 줄 알았는데 빨랐다고 하시니, 제 죄는 달게 받겠습니다만, 그 전에 5일만 시간을 주십시오. 악의 우두머리들을 다 없앤 뒤 벌을 받아도 받겠습니다."

황제는 이응의 말이 옳다고 생각했어요.

"아무래도 장삭이 죄를 짓긴 한 모양이군. 그대의 잘못은 없는 듯하니."

이때부터 사람들은 천하의 본보기는 이응이라 칭송하였어요. 그리고 행실이 바르지 못한 관리들은 휴일이 되어도 함부로 외출조차 하지 않았지요.

어느 날 황제가 이상하게 여겨 묻자 관리들이 대답했어요.

"이응이 무서워 그럽니다."

이렇듯 대쪽 같은 성품인 이응의 추천을 받으려면 그만큼 어렵기에 그의 집에 출입하는 선비들은 이응의 인정을 받았다 하여 '용문에 올랐다' 즉 '등용문'이라는 말을 듣게 되었답니다.

제2장 노력의 가치

16일차 등용문

 한자의 뜻과 음을 읽으며 따라 써 보세요.

登 오를 등 — 필순 12획 登登登登登登登登登登

龍 용 용 — 필순 16획 龍龍龍龍龍龍龍龍龍龍龍龍龍龍

門 문 문 — 필순 8획 門門門門門門門門

 이럴 때 사용해요!
- 가수가 되고 싶으면, 기획사 오디션에 도전해 봐. 오디션은 가수가 될 수 있는 등용문이야.
- 과연 내가 신인 작가의 등용문인 그 공모전을 통과할 수 있을까?

월   일   오전/오후   :

 뜻을 생각하며 또박또박 써 보세요.

| 등 | 용 | 문 | | 登 | 龍 | 門 |

뜻 :

_____

| 등 | 용 | 문 | | 登 | 龍 | 門 |

뜻 :

_____

 고사성어를 사용해 나만의 문장을 만들어 보세요.

제2장 노력의 가치 79

연습문제

1 화룡점정(畵龍點睛)의 알맞은 뜻을 고르세요.

① 온갖 어려움 속에서도 공부하는 자세를 이르는 말

② 상대방의 학식이나 업적이 몰라보게 발전했다는 말

③ 크게 될 사람은 늦게라도 성공한다는 말

④ 가장 중요한 부분을 마무리함으로써 일을 완벽하게 끝낸다는 말

2 다음 그림을 보고 떠오르는 고사성어를 한글로 써 보세요.

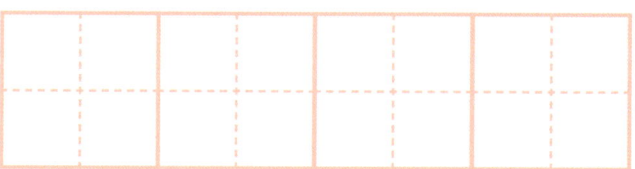

힌트: 책을 묶은 가죽끈이 세 번이나 끊어졌다는 뜻으로 책을 열심히 읽는다는 말.

3 마부작침(磨斧作針)의 뜻을 써 보세요.

80 가장 쉬운 초등 고사성어 따라쓰기

월   일   오전
                오후   :

4 다음 한자와 알맞은 음을 찾아 연결해 보세요.

① 大器晚成 •　　　• 우공이산

② 刮目相對 •　　　• 괄목상대

③ 愚公移山 •　　　• 대기만성

④ 韋編三絶 •　　　• 위편삼절

5 뜻과 음에 알맞게 다음 한자를 완성해 보세요.

①

반딧불이 형　　눈 설　　어조사 지　　공 공

②

오를 등　　용 용　　문 문

앞에서 배운 고사성어 중 가장 기억에 남는 고사성어 하나를 써 보고,
이유를 말해 보세요.

🏠 가장 기억에 남는 고사성어 :

🕯 이유 :

제2장 노력의 가치 81

제 3 장
성공을 위한 마음가짐

✓ **매일매일 체크하기!**

- ☐ 17일차 **삼고초려**
- ☐ 18일차 **군계일학**
- ☐ 19일차 **곡학아세**
- ☐ 20일차 **백미**
- ☐ 21일차 **낭중지추**
- ☐ 22일차 **좌우명**
- ☐ 23일차 **유비무환**
- ☐ 24일차 **백문불여일견**
- ☐ 연습 문제

삼고초려
三顧草廬
석 삼　돌아볼 고　풀 초　오두막집 려

풀이 오두막을 세 번 찾아갔다는 뜻으로, 뛰어난 인재를 얻기 위해 참을성 있게 노력한다는 말이에요.

유래 유비가 세운 촉나라는 여러 나라들 사이에서 자리를 잡지 못하고 있었어요. 장비와 관우는 뛰어난 장수였지만 유비가 뜻을 이루기 위해서는 뛰어난 전략가가 필요했어요. 때마침 한 신하가 제갈량이라는 인물을 추천하며 유비에게 말했어요.

"그만한 능력을 가진 자는 제갈량밖에 없습니다. 저와는 비교도 안 될 만큼 지혜가 뛰어난 인물입니다. 지금은 시골에서 조용히 지내고 있으나, 제갈량을 얻는다면 천하를 얻을 수 있을 것입니다."

유비는 자신의 형제인 관우, 장비를 데리고 직접 깊은 산속 제갈량의 오두막을 찾아갔어요. 힘겹게 도착했지만, 제갈량은 집에 없었어요. 그래서 집에 있던 소년에게 말했어요.

"선생에게 전해 주시오. 며칠 후에 다시 오겠다고."

며칠이 지나고 제갈량이 돌아왔다는 소식을 듣자 유비는 급히 다시 관우와 장비를 데리고 갔어요. 세 사람은 추운 겨울날 눈보라를 무릅쓰고 찾아갔지만 제갈량은 또 집에 없었어요.

장비는 헛걸음한 데 화가 났어요.

"형님, 먼 길을 두 번이나 왔는데 만나주지 않다니, 형님을 무시하지 않고서야, 이럴 수가 없소."

"이런 무례한 자는 그만 놔두고 돌아갑시다."

유비는 장비와 관우를 달래며 편지 한 장을 남기고 돌아왔어요.

겨울을 넘기고, 유비는 다시 제갈량을 찾아갔어요. 오두막에 도착하니 제갈량은 낮잠을 자고 있었어요. 유비는 제갈량을 깨우지 않고 밖에서 제갈량이 깨기만을 기다렸어요. 마침내 제갈량이 방에서 나와 유비 일행을 맞이했어요.

"이렇게 초라한 곳에 세 번이나 오시게 해 죄송합니다."

"원래 귀한 인재를 얻기가 어려운 법이지. 나를 만나주어 고맙소."

유비와 제갈량은 나라를 어떻게 다스리면 좋을지 이야기를 나누었어요. 제갈량은 천하의 형세를 아주 날카롭게 분석했고, 유비는 그 지혜에 무척 감탄했어요.

제갈량은 산에서 내려와 유비를 돕기로 했어요. 뛰어난 전략을 세워 유비에게 조언을 했지요. 그리하여 유비는 조조의 백만 군대를 물리치고 황제가 되었답니다.

17일차 삼고초려

🏯 한자의 뜻과 음을 읽으며 따라 써 보세요.

석 삼

필순 3획 三 二 三

돌아볼 고

필순 21획 顧 顧 顧 厉 厉 厉 厉 雇 雇 雇 雇 雇 顧 顧 顧 顧 顧 顧 顧 顧 顧

풀 초

필순 10획 草 草 草 草 草 草 草 草 草 草

오두막집 려

필순 19획 廬 廬 廬 廬 廬 廬 廬 廬 廬 廬 廬 廬 廬 廬 廬 廬 廬 廬 廬

이럴 때 사용해요!
- 영화감독은 삼고초려 끝에 유명 배우를 섭외했어.
- 훌륭한 인재를 얻으려면 삼고초려해 뽑아야 해.

| 월 | 일 | 오전 오후 : |

 뜻을 생각하며 또박또박 써 보세요.

삼 고 초 려   三 顧 草 廬

뜻 :

삼 고 초 려   三 顧 草 廬

뜻 :

 고사성어를 사용해 나만의 문장을 만들어 보세요.

제3장 성공을 위한 마음가짐

군계일학
群鷄一鶴
무리 군 닭 계 한 일 학 학

풀이 무리 지어 있는 닭 가운데 있는 한 마리의 학이라는 뜻으로, 여러 평범한 사람들 중 가장 뛰어난 사람을 가리킬 때 사용하는 말이에요.

유래 위진시대에 '죽림칠현'이라 불리는 일곱 명의 선비가 있었어요. 그들은 혼란한 세상을 피해 산속에서 만나 학문을 나누고 토론을 하곤 했어요.

그 중 혜강이라는 사람은 위나라의 관리였는데, 조정에서 억울한 누명*을 뒤집어 쓴 채 결국 죽임을 당하고 말았어요. 같이 토론을 하던 죽림의 선비들은 그 죽음을 슬퍼했지요.

혜강에게는 혜소라는 어린 아들이 있었어요. 혜소는 늠름한 청년으로 자라났고 아버지를 닮아 총명하기까지 했지요. 혜강의 친구 산도는 혜소를 보고 안타까워했어요. 산도는 혜소가 벼슬길에 나아가길 바랐어요. 하지만 아버지의 죄 때문에 벼슬길에 오르기 어려웠어요.

"혜소가 너무 아까워 더 놔둘 수가 없구나. 그가 조정에 오면 일을 잘할 수 있을 것이다. 내가 황제께 부탁을 올려 보겠다."

산도는 혜소를 위해 직접 황제를 만나러 갔어요.

"젊은 인재가 있기에, 추천하고자 찾아왔습니다."

"그게 누구인가?"

"바로 혜강의 아들 혜소입니다. 혜강이 비록 죄를 짓고 죽었으나, 그 억울함은

아직 밝혀지지 않았습니다. 또 혜소는 누구보다 총명하고 재주가 뛰어납니다. 기회를 주시면 전하께 큰 도움이 될 것입니다."

"그래. 자네가 하는 말이니 믿어 보지. 그런데 어떤 벼슬이 좋겠나?"

"비서랑*에 적합하지 않을까 싶습니다."

"아니다. 자네 추천이라면, 더 높은 관직을 줘도 될 듯싶다."

황제는 혜소를 관직에 등용*하기로 하고 궁으로 불러들였어요. 혜소가 궁궐로 들어서자 그를 보기 위해 사람들이 몰려들었어요. 혜소는 평범한 사람들 사이에서 뛰어난 용모로 단연 돋보였지요.

"혜소의 모습이 마치 여러 마리의 닭 속에 있는 한 마리의 학과 같구나."

"그러게. 저 수많은 사람 중에서 혜소만 단연 돋보이는군."

혜소를 본 사람들은 저마다 한마디씩 하며 그를 칭찬했답니다.

*누명: 사실이 아닌 일로 이름을 더럽히는 억울한 평판.
*비서랑: 책을 관리하는 관직.
*등용: 인재를 뽑아 씀.

18일차 군계일학

 한자의 뜻과 음을 읽으며 따라 써 보세요.

群 무리 군
필순 13획 群 群 群 群 群 群 群 群 群 群 群 群 群

鷄 닭 계
필순 21획 鷄 鷄 鷄 鷄 鷄 鷄 鷄 鷄 鷄 鷄 鷄 鷄 鷄 鷄 鷄 鷄 鷄 鷄

一 한 일
필순 1획 一

鶴 학 학
필순 21획 鶴 鶴 鶴 鶴 鶴 鶴 鶴 鶴 鶴 鶴 鶴 鶴 鶴 鶴 鶴 鶴 鶴 鶴

 이럴 때 사용해요!

☐ 팔씨름으로는 내가 우리 반에서 군계일학이야.

☐ 이번 농구 시합에서 그 선수는 군계일학의 활약을 펼쳤어.

📅 　　월　　일　🕐 오전/오후　　：

 뜻을 생각하며 또박또박 써 보세요.

| 군 | 계 | 일 | 학 | 群 | 鷄 | 一 | 鶴 |

뜻 :

| 군 | 계 | 일 | 학 | 群 | 鷄 | 一 | 鶴 |

뜻 :

 고사성어를 사용해 나만의 문장을 만들어 보세요.

제3장 성공을 위한 마음가짐　91

곡학아세
曲學阿世
굽을 곡　배울 학　아첨할 아　세상 세

> **풀이** 학문을 굽혀 세상에 아첨한다는 뜻으로, 성공하고 싶어 바른 길에서 벗어난 학문으로 세상 사람들에게 아첨한다는 말이에요.

유래 한나라 황제 효경제는 황제가 되자 가장 먼저 인재를 찾았어요. 나라를 잘 다스리려면 옳은 소리를 하는 인재가 필요하다고 생각했기 때문이지요. 효경제는 그렇게 찾아낸 인재들에게 벼슬을 주고 나랏일을 함께 의논했어요.

그중에 산동에 사는 원고생이라는 시인이 있었어요. 원고생은 90살이 넘은 노인이었어요. 강직한 성품으로 바른말을 하는 뛰어난 학자였지요. 신하들은 나이가 많다는 이유로 원고생에게 벼슬을 주는 걸 반대했어요. 그러나 효경제는 상관없이 원고생의 능력을 믿고 관직을 주었어요.

황제가 찾은 인재 중에는 산동에 사는 공손홍이라는 젊은 학자도 있었어요. 공손홍은 똑똑하였으나 자기 권력을 믿고 함부로 행동했어요. 그런 공손홍의 눈에는 원고생이 눈엣가시*였어요. 툭하면 뒤에서 원고생을 무시하거나 흉보곤 했지요.

어느 날 공손홍과 다른 학자들이 비웃는 소리를 원고생이 들었어요. 다들 원고생이 화를 낼 줄 알고 긴장했지요. 하지만 원고생은 화내지 않고 공손홍에게 이렇게 말했어요.

"지금은 올바른 학문을 닦기보다는 자기 이득을 위해 학문을 굽히고 세상에

아부하는 시대요. 이대로 가면 제대로 된 학문을 사라질 것이네. 자네는 젊고 학문을 좋아하니 학문을 지키는 데에 힘써 주시오. 선비로서 학문을 널리 세상에 펼쳐주길 바라네. 절대 학문을 굽혀 세상에 아부해서는 안 되네."

원고생은 공손홍이 자기를 흉본 것은 아랑곳하지 않았어요. 올바른 학문을 지키는 것이 중요하기에 공손홍에게 그 역할을 해달라고 말한 것이에요. 공손홍은 원고생의 뜻을 알고는 무척 부끄러웠어요.

"제 잘못을 용서하여 주십시오. 훌륭한 선생님을 못 알아보고 제멋대로 굴었습니다. 부디 제자로 받아주십시오."

잘못을 뉘우친 공손홍이 원고생에게 엎드려 절을 했어요. 공손홍은 학식이 깊은 원고생의 가르침을 받고 훗날 황제의 신임을 받는 신하가 되었답니다.

*눈엣가시: 몹시 밉거나 싫어 늘 눈에 거슬리는 사람.

19일차 곡학아세

 한자의 뜻과 음을 읽으며 따라 써 보세요.

曲 굽을 곡	필순 6획 曲曲曲曲曲曲
	曲

學 배울 학	필순 16획 學學學學學學學學學學學學學學學學
	學

阿 아첨할 아	필순 8획 阿阿阿阿阿阿阿阿
	阿

世 세상 세	필순 5획 世世世世世
	世

이럴 때 사용해요!

□ 곡학아세를 일삼는 너와는 친하게 지내고 싶지 않아.

□ 회사에서 그는 윗사람에게 곡학아세하느라 항상 바빠.

뜻을 생각하며 또박또박 써 보세요.

| 곡 | 학 | 아 | 세 | 曲 | 學 | 阿 | 世 |

뜻 :

| 곡 | 학 | 아 | 세 | 曲 | 學 | 阿 | 世 |

뜻 :

 고사성어를 사용해 나만의 문장을 만들어 보세요.

제3장 성공을 위한 마음가짐 95

백미

白眉
흰 백   눈썹 미

🗨️ **풀이** 흰 눈썹이라는 뜻으로, 여럿 중에 가장 뛰어난 사람이나 물건을 이르는 말이에요.

유래 촉나라에 마씨 성을 가진 오 형제가 있었어요. 오 형제 모두 재능이 뛰어나 마을에서 유명했어요. 특히 맏이인 마량은 다른 형제들보다 재주와 지혜가 뛰어났지요.

한편 여러 나라와 전쟁 끝에 유비는 넓은 땅을 차지하게 되었어요. 유비는 신하들을 불러모아 땅을 어떻게 다스리면 좋을지 물었어요. 그러자 이적이라는 신하가 이렇게 말했어요.

"새 땅을 지킬 인재가 필요합니다. 총명하고 지혜로운 인재를 구해 지키게 하옵소서."

유비는 평소에 믿던 이적의 말에 고개를 끄덕였어요.

"인재라…. 이적 자네가 추천할만한 인재가 있소?"

"있습니다. 형양에 마씨 성을 가진 오 형제가 있는데, 그중에 마량이라는 자가 가장 뛰어난 줄 아옵니다."

"그렇다면 당장 사람을 시켜 마량을 데려오게 하라."

유비가 분부*를 내리자 유비의 신하가 마량을 데리러 갔어요.

다음 날, 신하가 형양에 도착했어요. 지나가던 마을 사람들을 붙잡고 마량에

대해 물어보았어요.

"혹시 마량에 대해 아시오?"

"마량이라면 백미를 말씀하시는군요!"

"백미요?"

"백미가 바로 마량입니다. 눈썹이 하얘서 '백미'라 부르지요."

"마씨 오 형제가 다 뛰어난데 그중에 맏이인 마량이 가장 재주가 뛰어나고 인품도 훌륭합니다."

마을 사람들은 저마다 마량을 칭찬하기 시작했어요. 신하는 마량의 집으로 찾아갔어요. 들던 대로 마량은 정말 하얀 눈썹을 가지고 있었어요. 신하는 마량을 데리고 유비에게 갔어요. 유비 역시 마량의 말솜씨와 성품을 보고 그를 믿게 되었어요. 그리하여 나라를 다스리고 잘 지킬 인재로 마량에게 벼슬을 주어 중요한 일을 맡겼답니다.

*분부: 윗사람이 아랫사람에게 지시나 명령을 내림.

20일차 백미

 한자의 뜻과 음을 읽으며 따라 써 보세요.

白 흰 백 — 필순 5획 白白白白白

眉 눈썹 미 — 필순 9획 眉眉眉眉眉眉眉眉

비슷한 말이에요!

압권 壓卷
시험지를 누른다는 뜻으로, 여럿 가운데 가장 뛰어난 것을 이르는 말이에요. 옛날에는 과거 시험을 치르면 가장 우수한 답안지를 꺼내 제일 위에 올려놓았어요. 가장 잘 쓴 답안지가 맨 위에서 나머지 답안지를 누르는 모습을 보고, '압권'이라고 했지요. 여기에서 압권이란 말이 유래되어 여럿 가운데 가장 뛰어난 것을 이르게 되었답니다.
예) 어제 시합에서 네가 찬 슛은 정말 압권이었어!

발군 拔群
여럿 가운데 특별히 뛰어남을 이르는 말이에요.
예) 이번에 또 1등을 하다니 정말 발군의 성적이야.

이럴 때 사용해요!

☐ 제주도 겨울 여행의 백미는 단연 한라산 등반이지.

☐ 소풍의 백미는 단연 보물찾기 아니겠어?

📅　　월　　일　　🕐 오전/오후　：

 뜻을 생각하며 또박또박 써 보세요.

| 백 | 미 | | | 白 | 眉 | | |

뜻 :

| 백 | 미 | | | 白 | 眉 | | |

뜻 :

 고사성어를 사용해 나만의 문장을 만들어 보세요.

제3장 성공을 위한 마음가짐

낭중지추
囊中之錐
주머니 **낭** 가운데 **중** 어조사 **지** 송곳 **추**

> **풀이** 주머니 속의 송곳이라는 뜻으로, 재주가 뛰어난 사람은 숨어 있어도 저절로 드러난다는 말이에요.

유래 조나라에 평원군이라는 사람이 살았어요. 평원군은 집안이 넉넉하고 마음이 넓어 자기를 찾아오는 선비들을 누구나 환영했어요. 방을 내어주고 식사를 대접하며 학문을 닦도록 도와주었지요. 그래서 평원군의 집에 머무르는 손님이 삼천 명이나 될 정도로 많았어요.

어느 날 조나라에 진나라가 쳐들어왔어요. 조나라가 막기에는 역부족이라 초나라의 지원이 필요했어요. 조나라의 왕은 평원군에게 명령했어요.

"진나라가 쳐들어왔소. 평원군이 초나라에 가서 부디 구원병을 요청하시오."

평원군은 초나라로 떠나기 전 자신의 집에서 지내는 식객들을 불러모았어요. 그 가운데 재능이 뛰어난 사람을 스무 명을 뽑아서 같이 가기로 했어요.

"나와 같이 갈 사람은 나서주시오. 나라를 위해 목숨 걸고 싸울 사람이라면 함께 갑시다."

여러 사람이 지원하였고, 평원군은 열아홉 명을 뽑았어요. 하지만 나머지 한 명은 누구를 뽑을지 결정을 못 하고 있었어요. 그때 한 남자가 당당하게 나와 말했어요.

"저는 모수라고 합니다. 저를 데려가 주십시오."

평원군은 모수라고 소개하는 젊은 청년의 얼굴이 낯설었어요. 게다가 삼 년이나 자신의 집에 있었는데 얼굴조차 기억나지 않으니 그의 능력이 부족하다고 생각했어요.

"송곳은 주머니에 넣어두면 그 끝이 뾰족해 결국 밖으로 나온다네. 무릇 재능 있는 사람도 마찬가질세. 재능이 있으면 그 재능이 눈에 띄지. 하지만 자네는 여기 온 지 삼 년이나 되었는데, 나는 자네 얼굴조차 모르네. 자네 능력을 모르겠으니 여기 남아 계시오."

모수는 평원군의 거절에도 기죽지 않고 말했어요.

"그러니 저를 주머니에 넣어 주십시오. 송곳의 끝 뿐 아니라 송곳의 자루*까지 주머니를 뚫고 나오게 될 것입니다. 부디 주머니에 들어갈 기회를 주십시오."

평원군은 모수의 당당함이 마음에 들었어요. 초나라로 갈 마지막 인재로 모수를 선택했지요. 모수는 초나라에서 뛰어난 활약을 하여, 초나라 왕은 조나라로 구원병을 보내게 되었어요. 마침내 조나라는 진나라와의 싸움에서 이기게 되었답니다.

*자루: 손으로 다루는 연장 등의 끝에 달린 손잡이.

21일차 낭중지추

 한자의 뜻과 음을 읽으며 따라 써 보세요.

囊
주머니 낭

필순 22획 囊囊囊囊囊囊囊囊囊囊囊囊囊囊囊囊囊囊

中
가운데 중

필순 4획 中 中 中 中

之
어조사 지

필순 4획 之 之 之 之

錐
송곳 추

필순 16획 錐錐錐錐錐錐錐錐錐錐錐錐錐錐錐錐

이럴 때 사용해요!

☐ 내일 무대에서 사람들에게 **낭중지추**의 모습을 꼭 보여주겠어!

☐ 어디를 가도 존재감이 넘치니 너는 우리 반 **낭중지추**야.

뜻을 생각하며 또박또박 써 보세요.

낭중지추 囊中之錐

뜻:

낭중지추 囊中之錐

뜻:

 고사성어를 사용해 나만의 문장을 만들어 보세요.

좌우명
座右銘
자리 **좌** 오른쪽 **우** 새길 **명**

풀이 오른쪽 자리에 새겨 둔다는 뜻으로, 늘 곁에 두고 가르침으로 삼는다는 말이에요.

유래 어느 날 아침 일찍 공자가 제자들을 불러 모았어요. 그러고는 제자들을 이끌고 제나라 환공*의 묘당*을 찾아갔지요.

공자는 아무 말 없이 묘당의 이곳저곳을 살펴보았어요.

"스승님 이곳을 찾은 특별한 이유가 있습니까? 혹 찾으시는 물건이라도 있습니까?"

"'좌우명'이라 쓰여 있는 술독을 찾으러 왔다네."

제자는 술독을 찾아 가리켰어요. 그 술독은 한쪽으로 기울어져 있었어요. 공자는 술독을 찾고 무척 기뻐했어요. 그 모습을 보고 제자들은 이해가 되지 않았어요.

"스승님, 이 술독은 비싸 보이지도 않는데, 왜 그리 좋아하십니까?"

공자는 그제야 제자들을 올려다보며 이렇게 말했어요.

"환공은 이 술독을 늘 의자 오른쪽에 두고 아꼈다고 한다. 이 술독에 술을 부으면 반쯤 찼을 때, 기울어져 있던 술독이 똑바로 선다네. 하지만 술을 가득 부으면 다시 처음처럼 기울어지지."

공자는 제자들에게 술독에 한번 물을 부어보라 말했어요. 한 제자가 술독에

 물을 채우자 술독이 점점 똑바로 세워졌어요. 반쯤 찼을 때는 바르게 섰지요. 하지만 물을 더 부으니 다시 처음처럼 옆으로 기울어졌어요.
 제자들은 신기하다며 웅성거렸어요. 공자는 제자들을 둘러보며 말했어요.
 "이 술독의 이름은 좌우명이다. 환공이 가득 차는 것을 경계해 이름을 붙인 것이지. 의자 옆에 두고 항상 아낀 것은 그것을 잊지 않기 위함이다. 학문을 닦는 것도 이 술독과 같다. 공부를 가득 차게 다 했다고 교만하게 군다면, 술독이 기울어지는 것처럼 너희들도 넘어지게 될 것이다. 그러니 항상 명심하거라."
 공자는 집에 돌아온 뒤 환공의 술독과 똑같은 술독을 만들었어요. 그러고는 늘 스스로 경계하며 학문에 힘썼답니다.

*환공: 중국 춘추시대 제나라의 왕.
*묘당: 중국 제왕가 조상의 위패를 두던 장소.

# 좌우명

 한자의 뜻과 음을 읽으며 따라 써 보세요.

| 座
자리 좌 | 필순 10획 座 座 座 座 座 座 座 座 座 座
座 |

| 右
오른쪽 우 | 필순 5획 右 右 右 右 右
右 |

| 銘
새길 명 | 필순 14획 銘 銘 銘 銘 銘 銘 銘 銘 銘 銘 銘 銘 銘 銘
銘 |

- 아빠의 **좌우명**은 '노력은 절대 배신하지 않는다'야.
- 새해를 맞이해 가족끼리 모여 **좌우명**을 쓰고, 실천을 다짐하며 벽에 붙였어.

뜻을 생각하며 또박또박 써 보세요.

좌 우 명   座 右 銘

뜻 :

좌 우 명   座 右 銘

뜻 :

 고사성어를 사용해 나만의 문장을 만들어 보세요.

유비무환
有備無患
있을 유 갖출 비 없을 무 근심 환

풀이 준비가 있으면 근심이 없다는 뜻으로, 미리 준비를 철저히 해두면 나중에 걱정할 일이 없다는 말이에요.

유래 진나라 왕인 도공에게는 사마위강이라는 신하가 있었어요. 사마위강은 아주 총명하고 충직한 신하였어요. 특히 법을 엄격히 지키기로 유명했지요. 하루는 왕의 동생인 양간이 군대에서의 법을 어겼어요. 다른 사람은 왕의 동생이기에 감히 벌줄 생각을 못 했어요. 하지만 사마위강은 법을 중요하게 생각했기에 양간의 부하를 불러 대신 벌을 주었어요. 양간은 뒤늦게 그 사실을 알고 펄쩍 뛰며 화를 냈어요.

"감히 나를 벌 주려 하다니. 내 부하를 벌한 것은 나를 무시한 것과 같다!"

양간은 형인 도공을 찾아가 사마위강이 죄 없는 부하를 벌했다고 거짓말을 했지요. 도공이 화가 나 사마위강을 벌주려 하자, 신하 양설이 말렸어요. 사마위강은 충직한 신하이니, 이유를 먼저 알아보는 것이 좋겠다고 조언을 했지요.

얼마 후, 동생 양강의 말이 전부 거짓말임을 드러나자, 도공은 다시 사마위강을 불러들였어요.

"내가 오해했소. 다시 나를 믿고 진나라 군대를 이끌어 주시오."

사마위강은 능력을 발휘하여 도공이 진나라를 잘 다스리도록 도왔어요. 전쟁을 화해로 이끌고 서로 침범하지 않도록 했지요. 마침내 진나라는 사마위강 덕분

에 어떤 나라도 넘볼 수 없는 강한 나라가 되었어요. 하루는 도공이 사마위강을 불러들여 칭찬했어요.

"우리 진나라가 부강한 나라가 된 것은 모두 자네 덕분이오. 이에 보물을 내리겠소."

도공은 여러 나라로부터 받은 많은 보물을 사마위강에게 주었어요. 하지만 사마위강은 재물을 사양하며 이렇게 말했어요.

"저는 괜찮습니다. 다만, 나라가 편안할 때 위기를 생각하시옵소서. 그러면 훗날을 대비하게 될 것입니다."

도공은 사마위강의 뜻을 이해했어요. 강한 나라가 되었지만, 한순간도 놓치지 않도록 군사를 정비하고 철저히 준비한 것이지요. 덕분에 오랫동안 진나라는 근심이 없이 평화롭게 잘 지냈답니다.

23일차 유비무환

🏛 한자의 뜻과 음을 읽으며 따라 써 보세요.

有 있을 유
필순 6획 有 有 有 有 有

備 갖출 비
필순 12획 備 備 備 備 備 備 備 備 備 備 備

無 없을 무
필순 12획 無 無 無 無 無 無 無 無 無 無 無

患 근심 환
필순 11획 患 患 患 患 患 患 患 患 患 患

이럴 때 사용해요!
- 유비무환의 정신으로 다음 단원평가를 대비해 미리 공부해야겠어.
- 유비무환이라고, 혹시 몰라서 용돈을 다 쓰지 않고 아껴뒀어.

월   일   오전/오후   :

 뜻을 생각하며 또박또박 써 보세요.

| 유 | 비 | 무 | 환 | 有 | 備 | 無 | 患 |

뜻 :

| 유 | 비 | 무 | 환 | 有 | 備 | 無 | 患 |

뜻 :

 고사성어를 사용해 나만의 문장을 만들어 보세요.

제3장 성공을 위한 마음가짐 111

24일차

백문불여일견
百聞不如一見
일백 **백**   들을 **문**   아닐 **불**   같을 **여**   한 **일**   볼 **견**

> **풀이** 백 번 듣는 것이 한 번 보는 것보다 못하다는 뜻으로, 직접 경험해 보아야 확실히 알 수 있다는 말이에요.

유래   전한시대에는 서쪽의 오랑캐*인 강족이 자주 반란을 일으켰어요. 황제는 군사를 보내 오랑캐를 막으려고 했지만, 번번이 실패했어요. 고민 끝에 황제는 예전에 흉노*를 물리친 조충국에게 오랑캐를 토벌*할 인재를 추천해 달라고 했어요. 조충국은 직접 황제 앞에 가서 이렇게 말했어요.

"폐하, 제가 가서 서쪽의 오랑캐를 토벌하겠습니다."

옆에서 신하들이 듣고 반대했어요.

"폐하, 조충국 장군은 이제 나이가 70이 넘었습니다. 젊은 장군들도 오랑캐와 싸우다 패하지 않았습니까?"

그래도 조충국은 자신 있게 나섰고, 황제는 그 뜻에 감복하여 받아들이기로 했어요. 황제가 물었어요.

"이번에 오랑캐를 물리칠 좋은 전략이라도 있는가?"

"바로 말씀드리기 어렵습니다."

신하들이 역시 믿을 수 없다며 술렁거렸어요. 조충국이 말했어요.

"백 번 듣는 것보다 한 번 보는 것이 낫습니다. 말만 듣고 작전을 짜는 것보다 일단 그곳에 직접 가서 상황을 살펴봐야 합니다. 그래야 제대로 된 전략을 세울

수 있습니다."

그제야 신하들은 조충국의 말에 고개를 끄덕였어요. 조충국은 반란이 일어난 곳에 가서 상황을 살펴보고 돌아와 보고했어요.

"폐하, 서쪽 오랑캐들을 살펴보니, 그 수가 많습니다. 한꺼번에 무찔러 큰 싸움을 벌이는 것보다는 오랜 시간을 두고 조금씩 물리쳐 나가야 할 것입니다."

황제는 조충국의 말을 귀 기울여 들었어요.

"오랜 기간 싸우려면 병사들이 지칠 것입니다. 평소에는 농사를 짓게 하고, 오랑캐가 올 때마다 싸우도록 하면 효과적일 것입니다."

조충국이 제시한 계략으로 한나라는 크게 싸우지 않고 일 년에 걸쳐 오랑캐의 반란을 완전히 잠재웠답니다.

*오랑캐: 언어, 풍습 등이 다른 민족을 낮잡아 이르는 말.
*흉노: 중국의 이민족 중 하나로 몽골고원에서 활약하던 기마민족.
*토벌: 군사를 보내어 반항하는 무리를 침.

24일차 백문불여일견

 한자의 뜻과 음을 읽으며 따라 써 보세요.

百 일백 백 — 필순 6획 — 百 百 百 百 百 百

聞 들을 문 — 필순 14획 — 聞 聞 聞 聞 聞 聞 聞 聞 聞 聞 聞 聞 聞 聞

不 아닐 불 — 필순 4획 — 不 不 不 不

如 같을 여 — 필순 6획 — 如 如 如 如 如 如

一 한 일 — 필순 1획 — 一

見 볼 견 — 필순 7획 — 見 見 見 見 見 見 見

뜻을 생각하며 또박또박 써 보세요.

백문불여일견 百聞不如一見

뜻 :

백문불여일견 百聞不如一見

뜻 :

 고사성어를 사용해 나만의 문장을 만들어 보세요.

제3장 성공을 위한 마음가짐 115

연습문제

1 좌우명(座右銘)의 알맞은 뜻을 고르세요.

① 여러 평범한 사람들 중 가장 뛰어난 사람을 가리킬 때 사용하는 말

② 늘 곁에 두고 가르침으로 삼는다는 말

③ 재주가 뛰어난 사람은 숨어 있어도 저절로 드러난다는 말

④ 미리 준비를 철저히 해두면 나중에 걱정할 일이 없다는 말

2 다음 그림을 보고 떠오르는 고사성어를 한글로 써 보세요.

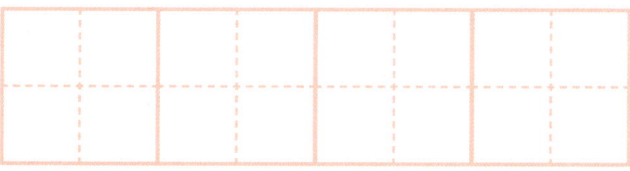

힌트: 주머니 속의 송곳이라는 뜻으로, 재주가 뛰어난 사람은 숨어 있어도 저절로 드러난다는 말.

3 백문불여일견(百聞不如一見)의 뜻을 써 보세요.

📅　　월　　일　🕐 오전 :
　　　　　　　　　　오후

4 다음 한자와 알맞은 음을 찾아 연결해 보세요.

① 有備無患　•　　　　• 유비무환

② 囊中之錐　•　　　　• 곡학아세

③ 群鷄一鶴　•　　　　• 군계일학

④ 曲學阿世　•　　　　• 낭중지추

5 뜻과 음에 알맞게 다음 한자를 완성해 보세요.

①

二	顧	苗	廬
석 삼	돌아볼 고	풀 초	오두막집 려

②

勹	眉
흰 백	눈썹 미

앞에서 배운 고사성어 중 가장 기억에 남는 고사성어 하나를 써 보고,
이유를 말해 보세요.

🏠 가장 기억에 남는 고사성어 :

🕯️ 이유 :

제3장 성공을 위한 마음가짐　117

제 4 장
반성과 깨달음

✔ **매일매일 체크하기!**

- 25일차 **조삼모사**
- 26일차 **어부지리**
- 27일차 **수주대토**
- 28일차 **모순**
- 29일차 **각주구검**
- 30일차 **사족**
- 31일차 **기우**
- 32일차 **용두사미**
- 연습 문제

조삼모사
朝三暮四
아침 **조**　석 **삼**　저물 **모**　넉 **사**

풀이 아침에 세 개, 저녁에 네 개라는 뜻으로, 당장의 차이에 신경 쓰지만 결과는 같다는 말이에요.

유래　송나라에 저공이라는 사람이 살고 있었어요. 저공은 원숭이를 좋아해 수십 마리의 원숭이를 기르게 되었어요.

　그렇게 원숭이를 좋아하다 보니 저공은 원숭이들과 의사소통을 할 수 있게 되었지요. 하지만 좋은 일만 있는 건 아니었어요. 넉넉하지 않은 형편에 수십 마리의 원숭이를 기르다 보니 먹이를 구하는 것이 너무 커다란 부담이 되었어요.

　"이를 어쩌면 좋지? 도토리도 얼마 안 남았는데."

　저공은 가슴이 아팠지만 어쩔 수 없이 원숭이의 먹이를 줄이기로 했어요. 하지만 아무 말 없이 먹이를 줄이면 원숭이들이 화가 나서 자신을 미워하게 될 것 같아 걱정되었지요.

　"먹이를 적게 주면서도 기분이 나쁘지 않게 하는 방법이 없을까?"

　저공은 이런저런 궁리*를 하던 끝에 한 가지 묘책*을 떠올리고는 원숭이들을 불러 모았어요.

　"얘들아, 여기 모이거라."

　저공의 목소리를 듣자 원숭이들은 앞다투어 그의 앞으로 모여들었어요. 하나 둘 모여드는 원숭이들을 보며 저공은 가슴이 너무 아팠어요. 한 마리 한 마리 쓰

다독고 안아주며 다 모이기를 기다렸지요. 원숭이들이 다 모이자 저공은 이야기를 꺼냈어요.

"우리 집 형편이 좋지가 않아. 어쩔 수 없이 너희들의 먹이를 조금 줄여야 할 것 같구나."

원숭이들은 그동안 저공의 고민을 알고 있었기 때문에 크게 실망하지는 않았어요. 저공은 원숭이를 한 번 둘러본 뒤에 다시 말을 이었어요.

"고민 끝에 앞으로 너희들에게 아침에는 도토리 세 알, 저녁에는 네 알을 주려고 하는데 어떻겠니?"

그러자 원숭이들은 크게 실망하며 아침에 도토리 세 알은 배고파서 안 된다고 아우성을 쳤어요. 저공은 그럴 줄 알았다는 듯이 다시 말을 이었어요.

"그렇다면 이렇게 하자. 아침에 네 알, 그리고 저녁에 세 알을 먹는 거지. 어때?"

그러자 원숭이들은 좋아하며 고개를 끄덕였답니다.

*궁리: 마음속으로 깊이 생각함.
*묘책: 매우 교묘한 꾀.

25일차 조삼모사

 한자의 뜻과 음을 읽으며 따라 써 보세요.

| 朝 아침 조 | 필순 12획 朝 朝 朝 朝 朝 朝 朝 朝 朝 朝 朝 朝 |

| 三 석 삼 | 필순 3획 三 三 三 |

| 暮 저물 모 | 필순 15획 暮 暮 暮 暮 暮 暮 暮 暮 暮 莫 莫 莫 暮 暮 暮 |

| 四 넉 사 | 필순 5획 四 四 四 四 四 |

 **이럴 때 사용해요!**

☐ 텔레비전에 나오는 **조삼모사**식 허위 광고에 속으면 안 돼.

☐ 엄마는 항상 **조삼모사**로 내 마음을 움직여 공부하게 하신다.

월   일   오전/오후   :

 뜻을 생각하며 또박또박 써 보세요.

| 조 | 삼 | 모 | 사 | 朝 | 三 | 暮 | 四 |

뜻:

| 조 | 삼 | 모 | 사 | 朝 | 三 | 暮 | 四 |

뜻:

 고사성어를 사용해 나만의 문장을 만들어 보세요.

제4장 반성과 깨달음 123

26일차

어부지리

漁夫之利
고기 잡을 **어** 사내 **부** 어조사 **지** 이로울 **리**

> **풀이** 어부의 이익이라는 뜻으로, 두 사람이 싸우는 사이에 다른 사람이 이익을 얻는다는 말이에요.

유래 제나라와 조나라는 연나라를 침략하려고 끊임없이 위협을 하고 있었어요. 엎친 데 덮친 격으로 연나라는 흉년까지 찾아와 온 나라가 고통스러워하고 있었지요. 이를 알게 된 조나라 혜문왕은 연나라를 침략하려고 준비를 서둘렀어요.

하지만 연나라는 제나라로 군사들을 보낸 뒤였기 때문에 조나라의 침략에 대비할 군사조차 없었어요. 연나라의 소왕은 다급히 소대를 불렀어요.

"보다시피 우리는 전쟁을 막아낼 군사도 없는 최악의 상황이네. 자네가 조나라 혜문왕을 좀 찾아가 설득해줄 수 있겠나?"

"무엇이든 맡겨만 주십시오."

소대는 대답 후 서둘러 조나라로 떠났답니다. 소대는 조나라에 도착하자마자 왕을 먼저 찾아가 인사했어요. 조나라 혜문왕은 소대를 맞으며 물었지요.

"그래, 오는 길은 편안했는가?"

"예, 덕분에 편안하게 왔습니다. 그런데 이곳으로 오다가 재미있는 광경을 보았지요."

"무슨 이야기인지 한번 들어보고 싶구나."

"강변에서 조개가 조가비*를 열고 햇볕을 쬐고 있었습니다. 그런데 갑자기 도요새가 날아와 뾰족한 부리로 조갯살을 콕콕 쪼기 시작한 것이지요. 깜짝 놀란 조개는 화가 나서 조가비를 굳게 닫고는 도요새의 부리를 놓아주지 않았지요. 서로 맞서 싸우는 동안 마침 그곳을 지나가던 어부가 그 둘의 모습을 본 겁니다. 어부는 이게 웬 횡재인가 하며 둘 다 잡아서 유유히 돌아갔지요."

소대는 이야기를 마친 뒤 빙긋이 웃었어요. 하지만 조나라의 혜문왕은 소대가 무슨 이야기를 하는지 얼른 이해되지 않았어요.

"자네, 그런 이야기를 내게 하는 까닭이 무엇인가?"

"왕께서는 지금 연나라를 치려고 하십니다만, 연나라가 '조개'라고 하면 조나라는 '도요새'입니다. 진나라는 '어부'인 셈이지요. 연나라와 조나라 두 나라가 싸움을 한다면 저 강대한 진나라는 어부가 되어 아무런 힘도 쓰지 않고 두 나라를 맛있게 먹어 치울 것입니다."

소대의 이야기를 다 들은 혜문왕은 고개를 끄덕였어요. 그러고는 바로 침공* 계획을 철회하였어요. 그뿐이 아니었어요. 혜문왕은 연나라와 좋은 관계를 유지하기 위해 노력하기로 했답니다.

*조가비: 조개의 껍데기.
*침공: 다른 나라에 들어가 공격함.

제4장 반성과 깨달음 125

26일차 어부지리

 한자의 뜻과 음을 읽으며 따라 써 보세요.

漁 고기 잡을 어
필순 14획 漁漁漁漁漁漁漁漁漁漁漁漁漁漁

夫 사내 부
필순 4획 夫夫夫夫

之 어조사 지
필순 4획 之之之之

利 이로울 리
필순 7획 利利利利利利利

 이럴 때 사용해요!
- 한국이 독일을 이겨서 멕시코가 **어부지리**로 월드컵 16강에 올라갔어.
- **어부지리**가 아닌 내 실력으로 요리 대회에 우승해 기뻐요.

📅 　월　　일　🕐 오전
　　　　　　　　　오후　：

 뜻을 생각하며 또박또박 써 보세요.

어 부 지 리　　漁 夫 之 利

뜻 :

어 부 지 리　　漁 夫 之 利

뜻 :

 고사성어를 사용해 나만의 문장을 만들어 보세요.

제4장 반성과 깨달음

수주대토
守株待兔

지킬 **수** 그루 **주** 기다릴 **대** 토끼 **토**

> **풀이** 나무 그루터기에서 토끼를 기다린다는 뜻으로, 고지식하고 융통성 없이 요행만을 바란다는 말이에요.

유래 송나라에 한 농부가 살았어요. 농부는 해가 뜨면 밭에 가서 열심히 일하고 저녁이 되면 집으로 돌아왔어요.

그날도 농부는 밭에서 일을 하고 있었지요. 그런데 갑자기 토끼 한 마리가 풀숲에서 뛰어나오더니 농부가 있는 것을 보고 깜짝 놀라 도망가기 시작했어요. 그러다 그만 나무 그루터기*에 부딪혀 목이 꺾여 죽고 말았지요.

농부는 하던 일을 멈추고 토끼가 부딪친 그루터기로 얼른 뛰어갔어요. 그루터기 앞에는 죽은 토끼가 쓰러져 있었지요. 농부는 토끼를 주워들고는 말했어요.

"오늘은 운이 좋군. 아무것도 안 했는데, 토끼를 얻다니!"

농부는 신이 나서 하던 일을 멈춘 채 토끼를 들고 집으로 갔어요.

"여보, 내가 토끼를 가져왔어요. 오늘은 고깃국을 먹을 수 있겠구려."

"그러네요. 얼른 만들어 올게요. 얼마 만에 먹는 고기인지 모르겠어요."

그날 저녁 농부네 가족은 아주 기쁜 마음으로 배부른 저녁을 먹을 수 있었어요.

다음 날 아침이 밝자 농부는 늘 그랬던 것처럼 일하러 밭으로 나갔어요. 하지만 어제저녁에 먹은 고깃국 맛이 여전히 입안에 돌면서 일하기가 싫어졌어요.

"어쩌면 하늘이 우리를 불쌍하게 여겨 보내주신 토끼일지도 몰라."

거기까지 생각을 하고 나니 농부는 더 일을 하고 싶지 않았어요. 그러면서 자

자신도 모르게 자꾸 풀숲을 쳐다보며 토끼가 나오기를 기다렸어요. 하지만 해가 질 때까지도 토끼는 나오지 않았지요. 농부는 실망하여 집으로 돌아가면서 생각했어요.

"내일은 분명 토끼가 숲에서 나올 거야."

그다음 날에도 농부는 한껏 기대하며 밭으로 갔어요. 농부는 일은 조금도 하지 않고, 아예 그루터기 옆에 기대어 앉아 토끼가 나오기만을 기다렸어요. 하지만 그날도 토끼는 나오지 않았고 농부는 빈손으로 집에 돌아가야 했어요.

문밖까지 나와 남편을 기다리던 농부의 아내는 농부를 보자마자 물었어요.

"여보, 토끼는요?"

"오늘도 보지 못했소. 내일은 꼭 가져오리다."

농부는 이렇게 매일 나무그루 옆에서 토끼가 나오기를 기다렸지만, 끝내 토끼는 나타나지 않았어요. 그러는 사이 농부의 밭에는 잡초만 무성해졌고, 그동안 열심히 키운 농작물이 잡초에 파묻혀 끝내 농사조차 망치게 되었답니다.

*그루터기: 나무 또는 풀 등을 베고 남은 밑부분.

제4장 반성과 깨달음 129

27일차 수주대토

 한자의 뜻과 음을 읽으며 따라 써 보세요.

守 지킬 수
필순 6획 守 守 守 守 守 守

株 그루 주
필순 10획 株 株 株 株 株 株 株 株 株 株

待 기다릴 대
필순 9획 待 待 待 待 待 待 待 待 待

兎 토끼 토
필순 8획 兎 兎 兎 兎 兎 兎 兎 兎

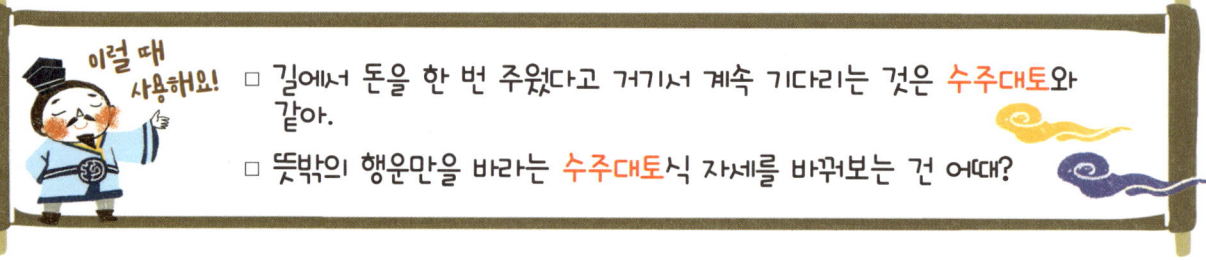

이럴 때 사용해요!
- 길에서 돈을 한 번 주웠다고 거기서 계속 기다리는 것은 수주대토와 같아.
- 뜻밖의 행운만을 바라는 수주대토식 자세를 바꿔보는 건 어때?

| | 월 일 | 오전 오후 : |

 뜻을 생각하며 또박또박 써 보세요.

| 수 | 주 | 대 | 토 | | 守 | 株 | 待 | 兎 |

뜻 :

| 수 | 주 | 대 | 토 | | 守 | 株 | 待 | 兎 |

뜻 :

 고사성어를 사용해 나만의 문장을 만들어 보세요.

제4장 반성과 깨달음

모순

矛 盾
창 모 방패 순

풀이 창과 방패라는 뜻으로, 말이나 행동의 앞뒤가 서로 일치하지 않는다는 말이에요.

유래 옛날 중국 전국시대에는 여기저기서 전쟁이 자주 벌어졌어요. 그때는 주로 창과 방패를 사용해 싸웠는데, 물건의 품질이 좋을수록 불티나게 팔렸어요.

그즈음 초나라의 시장에 한 젊은이가 나와 창과 방패를 팔기 시작했어요. 젊은이는 시장의 중심으로 가서 창을 높이 들고 큰소리로 외쳤어요.

"이것 좀 보시오! 이 방패는 어디에나 파는 그런 것이 아닙니다. 명인의 손으로 만든 이 방패는 단단하기가 천하일품*이지요. 아무리 예리한 창으로도 찔러도 뚫을 수 없는 방패입니다. 얼른, 사시오! 적이 언제 쳐들어올지 모르는 일 아닙니까? 그때 사려고 하면 너무 늦습니다. 어떤 강적이라도 막을 수 있는 이 방패를 사시오!"

젊은이가 신나게 떠들자 지나가던 사람들이 모여들었어요. 이렇게 많은 사람이 모여 구경하는 것을 보자, 젊은이는 자신감이 생겼는지 이번에는 반대편 손에 들고 있던 창을 치켜들고는 신나서 말했어요.

"여러분, 서릿발같이 날카로운 이 창 끄트머리를 보시오! 세상에 이보다 더 날카로운 창을 보셨습니까? 이 예리한 창 앞에는 어떤 방패도 소용없지요. 단번에 뚫어버릴 테니까요."

젊은이의 말에 한 노인이 앞으로 나서며 물었다.

"자네가 팔고 있는 이 물건들 말일세, 그 어떤 창이라도 뚫지 못한다는 방패를 그 어떤 방패도 뚫을 수 있다는 창으로 한번 찔러 보면 어떻겠나? 나는 그 결과가 참 궁금해. 그것에 대해 설명 좀 해주게."

장사꾼은 잠시 아무런 말을 못 한 채 당황했는지 얼굴만 벌겋게 달아올라 있었어요. 그러자 그 모습을 보고 있던 노인이 젊은이 앞으로 한 발 더 다가서며 말을 했지요.

"이보시오, 젊은이, 대체 무슨 생각으로 이런 장사를 시작했는가? 지금 이 사람들이 원하는 것을 보여줄 수 없다면 장사를 접고 얼른 여기를 떠나는 게 좋을 것 같네."

구경꾼들의 외침 소리를 들으며 쩔쩔매고 있던 젊은이는 노인의 말을 듣자마자 주섬주섬 짐을 챙기기 시작했어요. 그러고는 뒤도 돌아보지 않고 도망을 쳤답니다.

*천하일품: 세상에 오직 하나밖에 없는 물품.

제4장 반성과 깨달음

28일차 모순

 한자의 뜻과 음을 읽으며 따라 써 보세요.

矛 창 모 필순 5획 矛 矛 矛 矛 矛

盾 방패 순 필순 9획 盾 盾 盾 盾 盾 盾 盾 盾 盾

자가당착 自家撞着
자기의 말과 행동이 앞뒤가 일치하지 않고, 모순됨을 이르는 말이에요.
예) 그 사람은 처음의 주장을 스스로 부인하는 자가당착에 빠졌어.

이율배반 二律背反
두 가지 법칙이 서로 반대된다는 뜻으로, 철학자 칸트에 의해서 널리 쓰이게 된 단어예요.
예) 동물을 보호하자면서 모피코트를 입는 것은 이율배반적 태도야.

- 네가 하는 말에는 모순이 있어.
- 졸리고 피곤하다면서 게임을 하며 밤새우는 것은 모순된 행동 아니니?

뜻을 생각하며 또박또박 써 보세요.

| 모 | 순 | | | | 矛 | 盾 | | | |

뜻:

| 모 | 순 | | | | 矛 | 盾 | | | |

뜻:

 고사성어를 사용해 나만의 문장을 만들어 보세요.

29일차

각주구검
刻舟求劍
새길 **각**　배 **주**　구할 **구**　칼 **검**

> **풀이** 배에 표시해 칼을 찾는다는 뜻으로, 어리석고 미련하여 융통성이 없다는 말이에요.

유래　초나라에 어느 무사가 강을 건너기 위해 나룻배를 탔어요. 강을 다 건너기까지 시간이 오래 걸렸기 때문에 배에 탄 사람들끼리 자연스럽게 이야기를 나누게 되었어요.

무사는 본래 말하기를 좋아하는 성격이어서 자신의 무용담*을 쏟아내느라 정신이 없었지요. 자기 자랑에 여념이 없던 무사는 그만 실수를 하고 말았어요. 손짓과 발짓까지 써가며 너무 신나게 이야기를 한 탓에 지니고 있던 보검을 강물에 빠뜨리고 만 것이지요.

"헉, 이를 어쩌지?"

무사는 당황하여 검을 잡으려 손을 뻗었어요. 하지만 검은 금세 가라앉아 보이지 않게 되었지요. 이 사정을 모르는 사공은 아무 일 없는 듯 노를 저어서 갔고, 나룻배는 강물 위를 유유히 떠갔어요.

바로 그때 느닷없이 무사가 허리춤의 단검을 뽑더니 자기가 앉은 쪽 뱃전을 칼로 긁어 무언가 표시를 했지요.

"이만하면 되었어. 이제 마음이 좀 놓이는군."

사람들은 무사의 행동이 무척 궁금했어요.

"도대체 지금 뭐 하는 것인가?"

"내 보검이 여기에서 떨어졌지 않습니까? 그래서 표시를 해 둔 겁니다."

사람들은 무사의 말을 알아들을 수가 없었어요.

"표, 표시라니?"

"나중에 배가 멈추면 이 표시가 있는 뱃전 밑을 찾아보려고요. 여기서 떨어졌으니 밑에 분명히 있을 겁니다."

사람들은 무사의 엉뚱한 행동과 대답에 어이가 없어 입만 벌리고 있었어요.

마침내 나룻배는 건너편 강기슭에 도착했어요. 무사는 배가 기슭에 닿자마자 옷을 걷어 올리고는 물에 들어갔지요. 그러고는 물에 들어가서 뱃전에 각인한 곳 아래쪽을 샅샅이 살피며 잃어버린 보검을 찾기 시작했어요.

하지만 강의 한 가운데에서 떨어뜨린 보검이 강의 기슭에 있을 리 없었지요. 그것을 아는지 모르는지 무사는 보검을 찾느라 여념이 없었어요.

"세상에 저렇게 멍청한 사람도 다 있나?"

사람들은 손가락질하며 비웃었지만, 무사는 아랑곳없이 물속을 계속 휘젓고 있었답니다.

*무용담: 싸움에서 용감하게 활약하여 공을 세운 이야기.

29일차 각주구검

 한자의 뜻과 음을 읽으며 따라 써 보세요.

刻 새길 각 — 필순 8획

舟 배 주 — 필순 6획

求 구할 구 — 필순 7획

劍 칼 검 — 필순 15획

이럴 때 사용해요!
- 각주구검의 태도를 버리려고 노력하는 중이야.
- 지금 한강에 들어가 빠트린 휴대폰을 찾겠다고? 그건 각주구검이야.

뜻을 생각하며 또박또박 써 보세요.

각 주 구 검   刻 舟 求 劍

뜻 :

각 주 구 검   刻 舟 求 劍

뜻 :

 고사성어를 사용해 나만의 문장을 만들어 보세요.

사족
蛇足
뱀 사 발 족

풀이 뱀의 발이란 뜻으로, 쓸데없는 일을 해 오히려 실패하는 경우를 이르는 말이에요.

유래 초나라에 어떤 인색한 사람이 제사를 지낸 뒤에 여러 하인들에게 술 주전자를 하나 내어놓고는 나누어 마시라고 했어요. 그러자 한 하인이 나서 제안을 하지요.

"여러 사람이 나누어 마시면 간에 기별도 안 갈 테니, 땅바닥에 뱀을 가장 먼저 그리는 사람이 혼자 다 마시기로 하는 게 어떻겠나?"

그러자 다른 하인들도 모두 찬성하고 제각기 땅바닥에 뱀을 그리기 시작했어요.

잠시 후 뱀을 다 그린 한 하인이 술주전자를 집어 들려고 보니 다른 하인들이 아직 그림 그리는 데 열중하고 있었어요.

"다들 언제 뱀을 완성하려고 그러시나? 뱀의 발을 그려 넣어도 시간이 남겠어!"

그러고 나서 자신이 그린 뱀 그림에 발을 냉큼 그려 넣고는 말을 했어요.

"내가 가장 먼저 그렸으니 이 술은 내가 마시겠네. 내 그림 멋지지 않은가?"

그러자 그다음으로 뱀을 그린 다른 하인이 재빨리 그 술 주전자를 빼앗아 단숨에 마셔버리고는 말했어요.

"꿀꺽꿀꺽, 맛이 정말 좋구나!"

이 모습을 보고 먼저 술 주전자를 잡은 하인이 버럭 화를 냈어요.

"아니, 약속이 틀리지 않는가? 내가 먼저 그렸는데 어찌하여 자네가 마시는가

말이야?"

그러자 술을 마신 하인은 너무나 당연한 듯이 대답했답니다.

"세상에 발 달린 뱀도 있다던가? 자네가 그린 건 뱀이 아니네. 그러니 진짜 뱀을 가장 먼저 그린 내가 이 술의 주인이 맞지 않는가?"

"푸하하. 시간 남는다고 잘난 체 하더니 꼴좋다."

다른 하인들도 발 달린 뱀 그림을 보고 다 같이 비웃었어요. 술잔을 빼앗긴 하인만 발 달린 뱀을 그려놓은 땅을 치며 투덜거렸어요.

"젠장, 쓸데없는 발은 왜 그려가지고!"

하지만 아무리 후회해도 소용이 없는 일이었지요. 술은 이미 다른 하인의 목을 넘어간 뒤였답니다.

제4장 반성과 깨달음 141

30일차 사족

한자의 뜻과 음을 읽으며 따라 써 보세요.

| 蛇 뱀 사 | 필순 11획 蛇蛇蛇蛇蛇蛇蛇蛇蛇蛇蛇 |

| 足 발 족 | 필순 7획 足足足足足足足 |

비슷한 말이에요!

군소리
하지 않아도 좋을 쓸데없는 말을 뜻해요. 군소리 이외에도 비슷한 말로 군말, 군더더기, 췌언 등이 있답니다.
예) 심부름을 시키면 제발 군소리 없이 갔다 오면 안 되겠니?

군더더기
쓸데없이 덧붙은 것을 이르는 말이에요.
예) 좋은 글은 군더더기가 없어야 해.

이럴 때 사용해요!
- 이 문장은 사족인 것 같으니 생략하는 게 좋겠어.
- 말할 때 제발 사족 좀 달지 마, 듣기 너무 지루해.

📅 　월　　일　🕐 오전/오후 　:

 뜻을 생각하며 또박또박 써 보세요.

| 사 | 족 | | | | 蛇 | 足 | | |

뜻 :

| 사 | 족 | | | | 蛇 | 足 | | |

뜻 :

 고사성어를 사용해 나만의 문장을 만들어 보세요.

제4장 반성과 깨달음　143

기우

杞憂
나라 이름 기 근심 우

> 풀이 기나라 사람의 근심이라는 뜻으로, 쓸데없는 근심과 걱정을 이르는 말이에요.

유래 기나라에 걱정이 많은 사람이 살고 있었어요. 그 사람은 도무지 안심이 되지 않아서 아무 일도 할 수가 없었지요.

어느 날 아침, 그날도 기나라 사람은 얼굴에 근심을 한가득 담은 채 집을 나섰어요. 막 대문을 나서려는 순간, 집 앞 감나무에서 감 하나가 '툭' 하고 떨어진 것이지요.

"으악, 하늘이 무너진다!"

기나라 사람은 혼이 쏙 빠진 사람처럼 다시 집으로 들어가 이불을 뒤집어썼어요. 그러고는 며칠 동안 집 밖으로 나오지도 못하더니 결국 끙끙 앓아눕고 말았지요. 며칠 동안 기나라 사람이 보이지 않자 친구가 집으로 찾아왔어요.

"이보게, 안에 있는가?"

이불 속에서 덜덜 떨고 있던 기나라 사람은 인기척을 듣고 벌떡 일어났어요.

친구는 핏기 하나 없는 얼굴에 바짝 마른 기나라 사람을 보고 깜짝 놀라 물었어요.

"아니, 이 사람아, 이게 무슨 일인가?"

"요즘 내가 걱정 때문에 밥도 못 먹고 잠도 잘 수가 없다네."

"걱정이라니? 무슨 걱정이기에 밥을 못 먹을 정도인가?"

"하늘이 무너질까 봐 밖을 나갈 수가 없다네."

기나라 사람은 바들바들 떨리는 손으로 친구의 손을 잡았어요. 그 모습이 너무 진지해서 친구는 웃음이 나왔지만 억지로 참고 대답했지요.

"이보게, 하늘은 공기로 이루어져 있지 않나. 우리가 숨을 쉴 때 들어갔다 나왔다 하는 이 공기 말일세. 그러니 하늘은 지붕처럼 무너지거나 하지 않는다네."

친구의 대답에 기나라 사람은 눈이 휘둥그레졌어요.

"그게 참말인가? 정말 다행이네. 그렇다면 땅은 어떤가? 곧 꺼질 수도 있겠지?"

"땅은 흙이 모여 이루어진 것인데, 우리 발밑을 이렇게 가득 채우고 있으니 무너질 리 있겠는가?"

기나라 사람은 그제야 뒤집어쓰고 있던 이불을 벗고 밖으로 나올 수 있었답니다.

31일차 기우

한자의 뜻과 음을 읽으며 따라 써 보세요.

杞 나라 이름 기
필순 7획 杞 杞 杞 杞 杞 杞 杞

憂 근심 우
필순 15획 憂 憂 憂 憂 憂 憂 憂 憂 憂 憂 憂 憂 憂 憂 憂

노파심 老婆心
할머니의 마음이라는 뜻으로, 필요 이상으로 남의 일을 걱정하는 마음을 이르는 말이에요. 할머니는 오랫동안 살면서 다양한 일을 겪어 보았기에 언제나 조심스럽고 걱정이 많지요. 그런 할머니의 마음이 '노파심'이랍니다.
예) 노파심에 하는 말이니 너무 기분 나쁘게 생각하진 마.

군걱정
앞일에 대해 쓸데없이 하는 걱정을 이르는 말이에요.
예) 너는 평소에 왜 이렇게 군걱정이 많니?

 이럴 때 사용해요!

☐ 지각할까 걱정했는데 괜한 **기우**였어.

☐ 혹시 일이 잘못되지 않을까 하는 염려는 **기우**에 불과했어.

146 가장 쉬운 초등 고사성어 따라쓰기

뜻을 생각하며 또박또박 써 보세요.

| 기 | 우 | | | | 杞 | 憂 | | |

뜻 :

| 기 | 우 | | | | 杞 | 憂 | | |

뜻 :

 고사성어를 사용해 나만의 문장을 만들어 보세요.

용두사미
龍頭蛇尾
용 용   머리 두   뱀 사   꼬리 미

풀이 용의 머리와 뱀의 꼬리라는 뜻으로, 처음 시작은 좋지만 끝이 보잘것없다는 말이에요.

유래 송나라에 용흥사라는 절이 있었어요. 그 절에는 진존숙이라는 이름난 스님이 있었지요. 그는 나그네를 위한 짚신을 길가의 나무에 걸어두기도 했어요.

그 모습을 본 사람들은 의아해하며 진존숙에게 물었어요.

"스님, 매번 짚신을 나무에 걸어 놓으시는 까닭이 무엇입니까?"

"먼 길 걸어오신 분들은 분명 짚신이 다 닳아 발이 매우 아플 겁니다. 혹여 작은 도움이 될까 하여 짚신을 만들어 걸어두고 있습니다."

진존숙의 대답을 들은 사람들은 마음 깊이 감동을 하였어요.

그러던 어느 날 낯선 스님 하나가 용흥사로 찾아왔어요. 그 스님은 진존숙의 도가 얼마나 깊은지 궁금했지요. 그래서 마주 앉아 선문답*을 하기로 했답니다.

진존숙은 그 스님을 마주하고는 정중하게 먼저 물었어요.

"대사께서는 어디서 오셨습니까?"

그러자 그 스님은 느닷없이 큰 소리로 호통을 쳤지요.

"어허!!"

진존숙은 잠깐 놀라긴 했지만, 곧 수양이 높은 승려답게 평정을 되찾고 빙그레 웃으며 말했어요.

"제가 한 번 큰 꾸지람을 들었습니다."

그러자 낯선 스님은 다시 한번 큰소리로 호통을 쳤어요.

"어허!!"

그런데 진존숙이 가만 보니 그 스님은 소리만 크게 지를 뿐 선문답을 이어가지 않았어요. 낯선 스님이 쳤던 호통을 오랜 기간의 수행으로 닦아 터득한 도에서 나오는 울림이라고 여겼던 진존숙은 그 판단이 그릇되었다는 것을 깨달았어요.

'이 자는 겉보기에는 도를 깨우친 것처럼 큰소리를 치지만, 형편없는 사람일 수도 있겠어. 마치 용의 머리에 뱀의 꼬리를 가진 것 같군.'

이런 생각에 이르자 진존숙은 스님에게 다시 물었어요.

"크게 호통을 치는 것까진 좋았습니다. 하지만 이제 마무리를 지어야 하지 않겠습니까? 호통을 치셨으니 다음에는 무엇으로 마무리를 지을 것인지요? 지켜보겠습니다."

진존숙의 말에 그 스님은 속셈이 드러났다는 것을 깨닫고는 뱀의 꼬리처럼 소리도 없이 자리를 피하고 말았답니다.

*선문답: 불교에서 깨달음을 찾기 위하여 주고받는 대화.

32일차 용두사미

 한자의 뜻과 음을 읽으며 따라 써 보세요.

龍 용 용
필순 16획 龍龍龍龍龍龍龍龍龍龍龍龍龍龍龍龍

頭 머리 두
필순 16획 頭頭頭頭頭頭頭頭頭頭頭頭頭頭頭頭

蛇 뱀 사
필순 11획 蛇蛇蛇蛇蛇蛇蛇蛇蛇蛇蛇

尾 꼬리 미
필순 7획 尾尾尾尾尾尾尾

 이럴 때 사용해요!
- 한자 공부를 열심히 하려던 방학 계획이 용두사미로 끝나버렸어.
- 그 드라마 처음에는 재미있었는데, 내용이 점점 용두사미가 되길래 지금은 안 봐.

뜻을 생각하며 또박또박 써 보세요.

용 두 사 미   龍 頭 蛇 尾

뜻 :

용 두 사 미   龍 頭 蛇 尾

뜻 :

 고사성어를 사용해 나만의 문장을 만들어 보세요.

연습문제

1 기우(杞憂)의 알맞은 뜻을 고르세요.

① 쓸데없는 일을 해 오히려 실패하는 경우를 이르는 말

② 두 사람이 싸우는 사이에 다른 사람이 이익을 얻는다는 말

③ 어리석고 미련하여 융통성이 없다는 말

④ 쓸데없는 근심과 걱정을 이르는 말

2 다음 그림을 보고 떠오르는 고사성어를 한글로 써 보세요.

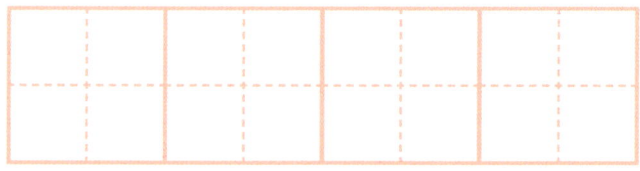

힌트 아침에 세 개, 저녁에 네 개라는 뜻으로, 당장의 차이에 신경 쓰지만 결과는 같다는 말.

3 각주구검(刻舟求劍)의 뜻을 써 보세요.

4 다음 한자와 알맞은 음을 찾아 연결해 보세요.

① 龍頭蛇尾 •　　　　• 수주대토

② 漁夫之利 •　　　　• 용두사미

③ 朝三暮四 •　　　　• 어부지리

④ 守株待兔 •　　　　• 조삼모사

5 뜻과 음에 알맞게 다음 한자를 완성해 보세요.

①

창 모

방패 순

②

뱀 사　　　발 족

앞에서 배운 고사성어 중 가장 기억에 남는 고사성어 하나를 써 보고,
이유를 말해 보세요.

 가장 기억에 남는 고사성어 :

 이유 :

제 5 장
지혜로운 삶의 태도

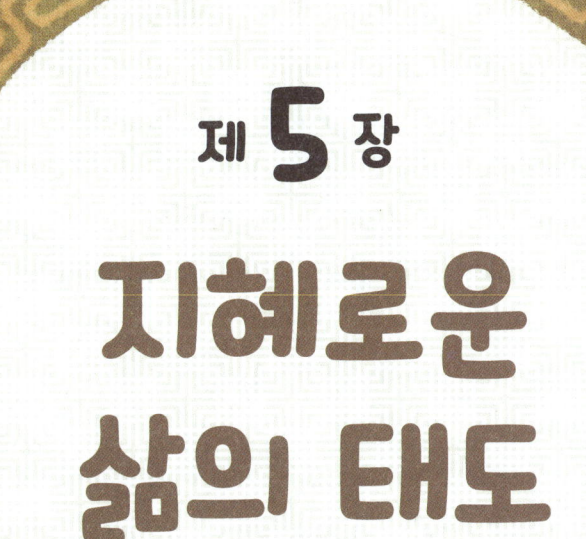

✔ 매일매일 체크하기!

- 33일차 배수진
- 34일차 사면초가
- 35일차 파죽지세
- 36일차 새옹지마
- 37일차 전화위복
- 38일차 일거양득
- 39일차 개과천선
- 40일차 동병상련
- 연습 문제

배수진

背水陣
등 배 물 수 진칠 진

풀이 물을 등지고 진을 친다는 뜻으로, 물러설 곳이 없어 목숨을 걸고 어떤 일에 나선다는 말이에요.

유래 한나라에는 한신이라는 이름난 장군이 있었어요. 한신이 위나라와 싸워 이긴 후, 조나라까지 치고 들어가 전쟁을 벌일 때였어요. 조나라는 20만 대군이었고, 한신이 이끌던 군대는 고작 1만여 명에 불과했어요. 조나라와 섣불리 싸웠다가는 질 것이 뻔했어요.

'이대로 가다가는 다 죽고 말 것이다.'

오랜 시간 고민 끝에 한신은 장수들을 모아 명령했어요.

"2,000명의 병사는 성 근처에 숨어 있거라. 나머지는 나와 함께 조나라 군대와 싸운다. 그러다 도망가는 척하며 후퇴하거라. 조나라 군대가 성 밖으로 나와 우리를 쫓아올 것이다. 그 틈을 타 숨어 있던 병사들은 성으로 들어가 그 안에 우리 깃발을 꽂으면 된다."

"그다음에는요?"

"성 밖으로 나왔던 조나라 군대가 다시 성으로 돌아가면 우리 한나라 깃발이 꽂힌 것을 보고 당황할 것이다. 그때를 놓치지 말고 죽을힘을 다해 공격해야 한다. 그래야 이길 수 있다."

작전대로 한나라 병사들은 조나라 병사와 싸우다가 도망가는 척을 했어요. 뒤

로 물러나다 보니 커다란 강까지 다다랐어요. 강 때문에 한 발짝도 물러설 수 없었던 한나라 군대는 온 힘을 다해 조나라 병사와 맞섰어요. 작전대로 조나라 병사들이 성으로 돌아갔을 때 한나라 병사들이 공격했고, 마침내 조나라의 엄청난 대군을 이기게 되었어요. 1만 대군으로 20만 대군을 이긴 것이에요!

승리를 축하하는 자리에서 부하 장수들이 한신에게 물었어요.

"장군, 병법*에는 강을 뒤로하고 싸우지 말라고 했습니다. 그런데 우리가 어찌하여 이길 수 있었는지 그 이유를 모르겠습니다."

"허허, 아직도 모르는가? 병법에 이런 말이 있소. 스스로 죽기를 각오하면 이기고, 살기를 바라면 진다고 하지 않았나? 뒤에 강이 있으면 도망쳐도 죽을 수밖에 없으니 병사들이 온 힘을 다해 싸운 것이라네."

한신의 대답에 모든 장수가 감탄을 금치 못했답니다.

*병법: 군사를 지휘하여 전쟁하는 방법.

33일차 배수진

 한자의 뜻과 음을 읽으며 따라 써 보세요.

背 등 배 | 필순 9획 背 背 背 背 背 背 背 背 背

水 물 수 | 필순 4획 水 水 水 水

陣 진칠 진 | 필순 10획 陣 陣 陣 陣 陣 陣 陣 陣 陣 陣

 이럴 때 사용해요!
☐ 올해가 마지막이라 생각하고 배수진을 치고 수능을 봤어.
☐ 그는 배수진의 각오로 공격적인 경기를 펼쳤어.

158 가장 쉬운 초등 고사성어 따라쓰기

뜻을 생각하며 또박또박 써 보세요.

| 배 | 수 | 진 | | 背 | 水 | 陣 |

뜻 :

| 배 | 수 | 진 | | 背 | 水 | 陣 |

뜻 :

고사성어를 사용해 나만의 문장을 만들어 보세요.

사면초가
四面楚歌
넉 **사**　낯 **면**　초나라 **초**　노래 **가**

> **풀이** 사방에서 들리는 초나라의 노래라는 뜻으로, 큰 곤경에 빠져 아무에게도 도움을 받지 못하는 상황을 이르는 말이에요.

유래　초나라의 장수 항우와 한나라의 장수 유방이 천하를 두고 맞서 싸울 때였어요. 결국 초나라 군대는 한나라 병사들에게 사방*으로 둘러싸였어요. 초나라의 군사 수는 얼마 되지 않았고, 식량도 무척 부족했지요. 더는 어떻게 할 수 없을 만큼 힘든 싸움이었어요.

초나라의 장수 항우는 밤마다 어떻게 하면 좋을지 고민했어요.

그런데 어느 날인가부터 밤이 되면 초나라의 노랫소리가 여기저기서 들렸어요. 구슬픈 노랫소리를 듣자 병사들은 마음이 흔들렸어요.

"어릴 때 고향에서 부르던 노래라니."

"부모님이 너무 보고 싶소. 흑흑!"

"나도 그렇다네. 가족들을 보지도 못하고 죽을 순 없소."

밤마다 초나라의 노랫소리가 사방에서 울려 퍼졌어요. 초나라의 장수 항우는 노랫소리를 듣고 깜짝 놀랐어요.

'큰일 났구나. 온 사방이 한나라 병사인데 초나라의 노래가 사방에서 들려오다니, 유방이 거의 초나라를 점령했구나.'

항우는 초나라 병사들이 싸움에서 진 뒤 포로가 되어 노래를 부른다고 생각했

어요. 그러고는 초나라가 패배한 줄 알고 눈물을 흘리며 슬퍼했지요.

초나라 병사들도 마찬가지였어요. 사기*가 꺾여서 하나둘 도망쳐서 고향으로 돌아갔어요. 병사들이 뿔뿔이 흩어지자 결국 남은 싸움은 제대로 하지 못하고 항우는 지고 말았어요.

사실은 그 노래는 장수 유방의 작전이었답니다. 장수 유방은 한나라 병사들에게 이렇게 말했어요.

"밤이 되면 초나라 노래를 부르거라. 초나라 병사들은 오랜 싸움에 지쳐 고향이 그리울 것이다. 그런 때에 초나라 노래를 들으면 분명 사기가 떨어져 도망갈 것이다."

밤마다 노래를 불렀던 것은 한나라 병사들이었어요. 그렇게 해서 한나라는 큰 싸움 없이 초나라와의 전쟁에서 이겼답니다.

*사방: 여러 곳, 주위.
*사기: 의욕이나 자신감이 충만하여 굽힐 줄 모르는 기세.

제5장 지혜로운 삶의 태도

34일차 사면초가

 한자의 뜻과 음을 읽으며 따라 써 보세요.

四 넉 사	필순 5획 四 四 四 四 四

面 낯 면	필순 9획 面 面 面 面 面 面 面 面 面

楚 초나라 초	필순 13획 楚 楚 楚 楚 楚 楚 楚 楚 楚 楚 楚 楚 楚

歌 노래 가	필순 14획 歌 歌 歌 歌 歌 歌 歌 歌 歌 歌 歌 歌 歌 歌

 이럴 때 사용해요!

☐ 어제 그 드라마 봤어? 이번에는 친한 친구가 배신해서 여주인공이 또 사면초가에 빠졌어.

☐ 게임 중인데 적들한테 완전히 둘러싸여서 사면초가의 위기야.

뜻을 생각하며 또박또박 써 보세요.

사 면 초 가   四 面 楚 歌

뜻 :

사 면 초 가   四 面 楚 歌

뜻 :

 고사성어를 사용해 나만의 문장을 만들어 보세요.

파죽지세
破竹之勢
깨뜨릴 파 대 죽 어조사 지 형세 세

풀이 대나무를 쪼개는 기세라는 뜻으로, 대적할 상대가 없을 정도로 세력이 맹렬하게 뻗어 나가는 것을 이르는 말이에요.

유래 사마염은 조조가 세운 위나라를 없애고 진나라를 세워 황제가 되었어요. 이때는 촉나라도 망하여 오나라만이 남아 버티고 있었어요. 그래서 진나라는 오나라를 차지해 영토를 넓힐 계획을 세우고 있었지요.

진나라에는 이름난 장군 두예가 있었는데, 전쟁에서 큰 활약을 했어요. 두예는 황제의 명령을 받아 오나라를 한 번에 쓰러뜨리기 위한 마지막 작전 준비를 하고 있었지요. 두예가 장수들과 함께 작전을 짜고 있는데, 그중 한 장수가 말했어요.

"장군, 당장 오나라를 공격하기 어렵지 않을까 싶습니다."

"그게 무슨 소리인가?"

"곧 비가 많이 내리면 강물이 넘칠 것이고, 그러면 언제 전염병이 발생할지 모릅니다. 일단 잠시 물러났다가 겨울에 다시 공격하는 것이 좋겠습니다."

"그렇습니다. 장군, 아무래도 싸우기 좋은 겨울까지 미룹시다."

다른 장수들도 그 말에 찬성하자 두예가 단호하게 말했어요.

"그럴 수 없소. 지금 우리 군사들은 계속되는 승리로 사기가 높소. 대나무도 쪼갤 듯한 기세요. 대나무는 한두 마디만 쪼개어 두면 칼날을 대기만 해도 저절로 쪼개지니, 어찌 이 기회를 놓칠 수 있겠소."

장수들은 두예의 설득력 있는 말에 고개를 끄덕였어요. 두예는 다시 장수들과

작전을 짜고 군사를 재정비했어요.

"진나라를 대적할 나라는 없다! 이 기세라면 오나라를 물리칠 수 있다."

두예는 곧장 군사들을 이끌고 오나라로 쳐들어갔어요.

군사들은 기세등등*하여 오나라와 싸움을 벌였고, 단숨에 오나라의 수도를 차지했어요. 그리하여 진나라는 두예의 활약으로 큰 승리를 거두고 삼국을 통일할 수 있었답니다.

*기세등등: 기운이나 태도가 매우 높고 힘찬 모양.

35일차 파죽지세

 한자의 뜻과 음을 읽으며 따라 써 보세요.

破 깨뜨릴 파
필순 10획 破 破 破 破 破 破 破 破 破 破

竹 대 죽
필순 6획 竹 竹 竹 竹 竹 竹

之 어조사 지
필순 4획 之 之 之 之

勢 형세 세
필순 13획 勢 勢 勢 勢 勢 勢 勢 勢 勢 勢 勢 勢 勢

- 우리 학교 야구팀은 파죽지세로 결승전까지 진출했어.
- 이순신 장군은 파죽지세로 적군을 격파해 물리쳤지.

월   일   오전/오후   :

 뜻을 생각하며 또박또박 써 보세요.

| 파 | 죽 | 지 | 세 | | 破 | 竹 | 之 | 勢 |

뜻 :

| 파 | 죽 | 지 | 세 | | 破 | 竹 | 之 | 勢 |

뜻 :

 고사성어를 사용해 나만의 문장을 만들어 보세요.

제5장 지혜로운 삶의 태도

새옹지마
塞翁之馬
변방 새 늙은이 옹 어조사 지 말 마

풀이 변방에 사는 노인의 말이라는 뜻으로, 세상일은 변화가 많아서 좋고 나쁨을 예측하기 어렵다는 말이에요.

유래 옛날 중국 변방*에 한 노인이 살았어요. 노인에게는 아끼던 말 한 마리가 있었어요.

어느 날, 노인의 말이 고삐를 풀고 달아났어요. 당시 소나 말은 큰 재산이었기에 이웃 사람들은 무척 안타까워하며 말했어요.

"어르신, 말이 아까워서 어떡하나요. 정말 좋은 말이었는데…"

노인은 별로 슬퍼하지 않았어요. 덤덤한 얼굴로 이렇게 말했지요.

"말을 잃은 것은 아쉬우나, 이게 좋은 일이 될지는 아무도 모르지요."

며칠이 지나고 도망갔던 말이 집으로 돌아왔어요. 그런데 털이 반지르르*한 말 한 마리와 같이 돌아왔어요. 두 마리가 돌아온 셈이지요.

이웃들은 또 이렇게 말했어요.

"어르신, 한 마리를 잃었는데, 두 마리가 되어 돌아오다니! 참 좋으시겠습니다!"

그러나 이번에도 노인은 태연하게 말했어요.

"좋을지 안 좋을지는 모르는 일이오. 그게 나에게 화가 될지 누가 알겠소?"

그런데 노인의 아들이 말들 가운데 한 마리를 타고 다니다가, 그만 실수로 말에 떨어져 다리가 부러졌어요. 다리가 나은 뒤에도 잘 걷지 못하게 되었지요.

노인의 이웃들은 찾아와서 걱정했어요.

"말 한 마리가 더 생겨 좋다 했더니, 이런 일이 생겨서 어찌합니까? 걱정이 크겠습니다."

노인은 또 담담하게 대답했어요.

"앞날은 알 수 없는 법이오. 그 누가 알겠소?"

일 년 후, 변방에 오랑캐들이 쳐들어와서 나라가 혼란스러워졌어요. 힘세고 젊은 청년들은 모두 전쟁터에 나가야만 했어요. 하지만 노인의 아들은 다리를 다쳤기에 전쟁터에 끌려나가지 않아도 되었어요. 마을 젊은이들 대부분이 전쟁터에서 죽거나 다쳤지만, 노인의 아들은 살아남았지요.

노인은 눈앞에서 벌어지는 작은 일에 매번 슬퍼하거나 기뻐하지 않았어요. 좋은 일인가 하면 나쁜 일이 되었고, 나쁜 일인가 하면 또 좋은 일이 되었으니까요.

*변방: 국경 주변 지역.
*반지르르: 윤이 나고 매끄러운 모양.

제5장 지혜로운 삶의 태도

36일차 새옹지마

 한자의 뜻과 음을 읽으며 따라 써 보세요.

塞 변방 새
필순 13획 塞 塞 塞 塞 塞 塞 塞 塞 塞 塞 塞 塞 塞

翁 늙은이 옹
필순 10획 翁 翁 翁 翁 翁 翁 翁 翁 翁 翁

之 어조사 지
필순 4획 之 之 之 之

馬 말 마
필순 10획 馬 馬 馬 馬 馬 馬 馬 馬 馬 馬

 이럴 때 사용해요!

- 힘내! 인생사 새옹지마라고 들어 봤지? 그러니 분명 좋은 날도 올 거야.
- 새옹지마라고 언젠가는 볕 들 날도 오겠지.

170 가장 쉬운 초등 고사성어 따라쓰기

뜻을 생각하며 또박또박 써 보세요.

새 옹 지 마　塞 翁 之 馬

뜻 :

새 옹 지 마　塞 翁 之 馬

뜻 :

 고사성어를 사용해 나만의 문장을 만들어 보세요.

전화위복
轉禍爲福
구를 전　재앙 화　할 위　복 복

풀이 재앙이 바뀌어 복이 된다는 뜻으로, 어떤 불행한 일이라도 끊임없이 노력하면 불행을 극복하고 행복을 얻을 수 있다는 말이에요.

유래 전국시대는 진나라, 한나라, 초나라, 위나라, 제나라, 조나라, 연나라 등 일곱 나라가 서로 경쟁하며 지내던 시대였는데, 그 가운데 진나라가 가장 강한 나라였어요.

그 무렵 일곱 나라를 다니며 배움을 나누던 소진이라는 정치가가 있었어요. 그는 똑똑하고 말을 잘하였지만, 벼슬자리와는 인연이 닿지 않았지요. 그래도 소진은 진나라를 두려워하는 여섯 나라를 찾아 힘을 모아야 한다고 설득했어요.

"여섯 나라가 힘을 모아 진나라에 맞서야 합니다."

늘 진나라의 눈치를 보던 여섯 나라는 소진의 말이 솔깃해 그에게 재상 자리를 맡겼지요. 그러는 동안에도 각 나라에는 여러 가지 일들이 일어나고 있었어요.

진나라의 혜왕은 자신의 딸을 연나라 문공의 아들에게 시집 보냈어요. 진나라의 공주가 연나라의 태자비가 된 것이지요. 그런데 연나라 문공이 죽자 제나라 선왕이 약속을 어기고 연나라를 공격해 10개의 성을 빼앗는 일이 생겼어요.

소진은 서둘러 제나라로 가 선왕을 만났지요. 그는 선왕을 만나 인사를 한 뒤 10개 성을 차지한 것에 대해 축하 인사를 올린 다음 바로 고개를 들고 애도의 말을 전했어요. 그러자 선왕은 손에 창을 쥐고는 몇 걸음 뒤로 물러나 물었어요.

"어찌하여 축하의 말을 하자마자 곧바로 애도의 말을 하는 것인가?"

소진이 대답했어요.

"사람은 배가 고파도 독이 있는 풀을 먹지 않습니다. 곧 죽을 것을 알기 때문입니다. 비록 연나라는 힘이 없지만 강한 진나라의 사위를 둔 나라입니다. 왕께서는 진정 10개의 성을 얻고 진나라와 원한 관계가 되기를 바라십니까?"

소진의 이야기를 들은 선왕은 창을 내려놓고 정중하게 물었어요.

"내가 어찌하면 좋겠소?"

소진은 차분하게 대답했어요.

"군자는 일을 함에서도 화를 복으로 바꾸고, 실패한 것으로 공을 이룬다고 했습니다. 연나라에 성을 돌려주고, 자세를 낮추어 진나라에 사죄하십시오. 10개의 성을 잃는 대신 진나라와 가까워진다면 바로 그것이 화를 돌려 복을 만들고, 실패를 통해 공을 세우는 것이 아니겠습니까."

선왕은 기뻐하며 소진의 말대로 하였어요. 그렇게 소진은 15년 동안 6개 나라를 잘 다스리며, 진나라에 맞서 싸웠답니다.

제5장 지혜로운 삶의 태도

37일차 전화위복

🏛 한자의 뜻과 음을 읽으며 따라 써 보세요.

| 轉
구를 전 | 필순 18획 轉 轉 車 車 車 車 車 轉 轉 轉 轉 轉 轉 轉 轉 轉 |

| 禍
재앙 화 | 필순 14획 禍 禍 禍 禍 禍 禍 禍 禍 禍 禍 禍 禍 禍 禍 |

| 爲
할 위 | 필순 12획 爲 爲 爲 爲 爲 爲 爲 爲 爲 爲 爲 爲 |

| 福
복 복 | 필순 14획 福 福 福 福 福 福 福 福 福 福 福 福 福 福 |

 이럴 때 사용해요!

☐ 성적이 떨어졌다고 기죽지 마. 전화위복이라는 말도 있잖아!

☐ 지금의 어려움을 전화위복의 계기로 삼아 다시 노력할 거야.

뜻을 생각하며 또박또박 써 보세요.

전 화 위 복　　轉 禍 爲 福

뜻 :

전 화 위 복　　轉 禍 爲 福

뜻 :

 고사성어를 사용해 나만의 문장을 만들어 보세요.

제5장 지혜로운 삶의 태도　175

38일차

일거양득
一擧兩得
한 일   들 거   두 양   얻을 득

> **풀이** 한 번 들어 둘을 얻는다는 뜻으로, 한 가지 일을 해서 두 가지 이익을 얻는다는 말이에요.

유래 옛날에 힘이 아주 센 장사가 살았어요. 성이 변씨라 변장사라 불렸지요. 어느 날 변장사는 길을 가다 날이 어두워져 근처 여관에 들어갔어요. 피곤한 몸을 누인 채 잠에 빠져들려고 할 때 그 순간 어디선가 비명 소리가 들렸어요.

"호랑이가 나타났다!"

자려고 누워 있던 변장사는 벌떡 일어나 나왔어요. 그러고는 사람들이 모여 있는 곳으로 갔지요. 변장사는 호랑이가 소를 물고는 유유히 산으로 돌아가는 모습을 멀리서 지켜볼 수밖에 없었어요. 여관으로 돌아온 변장사는 사람들을 안심시키며 말했어요.

"걱정하지 마시오. 내가 산으로 가서 호랑이를 잡아 오리다."

그러자 여관에서 일하는 아이가 냉큼 나섰지요.

"제가 길을 안내해드릴게요."

칼과 활을 챙겨 나온 변장사는 아이의 안내를 받으며 깊은 산속으로 들어갔어요.

"바로 저기예요, 저기 호랑이가 있어요!"

여관집 아이가 나지막하게 말했지요. 아이가 가리킨 곳을 보니 과연 소를 바닥에 내려놓은 호랑이가 있었어요. 변장사는 큰 숨을 한 번 들이쉬고는 활을 집어

들었지요.

"자, 시작해볼까?"

준비를 마친 변장사가 호랑이 쪽으로 가려 하자 아이가 변장사의 팔을 잡았어요.

"잠깐만요. 호랑이는 두 마리예요."

변장사가 다시 보니 숲 안쪽에서 호랑이 한 마리가 어슬렁거리며 다가오는 게 보였어요. 아이는 말을 계속했어요.

"분명히 소 한 마리를 서로 차지하려고 싸울 겁니다. 싸움이 끝나면 한 마리는 죽겠지요? 그리고 이긴 놈 또한 기운이 다 빠져있을 거예요. 그때 가세요. 두 마리를 한꺼번에 잡는 겁니다!"

변장자는 아이의 말이 옳다고 생각해 호랑이의 싸움을 지켜봤어요. 아니나 다를까 여관집 아이의 말처럼 싸움에서 진 호랑이 한 마리가 죽었고 그 순간 변장자가 활을 쏴 나머지 상처 입은 호랑이를 손쉽게 잡았지요. 그 일로 변장사는 한 번에 호랑이 두 마리를 잡은 사람으로 널리 이름을 날렸답니다.

38일차 일거양득

한자의 뜻과 음을 읽으며 따라 써 보세요.

一 한 일
필순 1획 一

擧 들 거
필순 18획 擧擧擧擧擧擧擧擧擧擧擧擧擧擧擧擧擧擧

兩 두 양
필순 8획 兩兩兩兩兩兩兩兩

得 얻을 득
필순 11획 得得得得得得得得得得得

이럴 때 사용해요!

- 어제 조개를 잡았는데, 그 안에서 진주가 나왔어. 이게 바로 **일거양득**이지!
- 고사성어 책으로 한자를 공부하면 재미있고, 유익함도 있으니 **일거양득**의 효과를 볼 수 있어.

월   일   오전 오후 :

 뜻을 생각하며 또박또박 써 보세요.

일 거 양 득   一 擧 兩 得

뜻 :

일 거 양 득   一 擧 兩 得

뜻 :

 고사성어를 사용해 나만의 문장을 만들어 보세요.

제5장 지혜로운 삶의 태도 179

개과천선
改過遷善
고칠 개   지날 과   옮길 천   착할 선

풀이 지난날의 잘못을 고쳐 착한 사람이 되었다는 말이에요.

유래 진나라에 주처라는 사람이 살았어요. 주처는 어릴 적에 부모님을 잃고, 보살핌과 가르침을 주는 사람이 없자 비뚤어지기 시작했어요. 어려서부터 힘이 셌던 주처는 사람들을 때리며 온갖 나쁜 짓을 했지요. 마을 사람들은 주처가 나타나기만 하면 슬금슬금 도망가곤 했답니다.

하지만 주처도 점점 나이가 들고 철이 들면서 자신만 나타나면 피하는 마을 사람들에게 사죄를 해야겠다는 생각을 하게 되었어요. 그리고 지난 잘못을 고쳐 착한 사람이 되겠다 결심했어요.

'그래, 정말 달라져 보는 거야. 그런데 어떻게 하면 되지?'

주처는 마을 사람들에게 가서 도와달라고 했지만 아무도 그의 말을 믿지 않았어요. 주처는 어떻게 하면 자신을 믿어줄지 다시 한번 물었어요.

"세상은 태평성대인데 당신들은 저만 보면 아직도 지옥인 것 같네요. 어떻게 해야 당신들이 저를 믿게 될까요?"

그러자 한 사람이 주처를 떠보려고 농담 반 진담 반으로 대답을 했어요.

"세 가지 해로움도 제거하지 못하는데 어찌 태평을 이야기할 수 있겠는가?"

"세 가지 해로움이라니요?"

"하나는 남산에 사는 호랑이고, 또 하나는 장교 아래에 사는 교룡, 그리고 마지막은 바로 주처 자네일세!"

주처는 마을 사람의 이야기를 듣고도 좌절하지 않았어요. 오히려 자신이 저지른 잘못이 떠올라 눈물을 흘리며 결심을 다졌어요.

"걱정하지 마십시오. 제가 반드시 그 세 가지 해로움을 없애겠습니다."

말을 마친 후 주처는 당장 호랑이와 싸우러 남산으로 올라갔어요. 그리고 호랑이를 죽인 후, 장교 아래 물에 뛰어들어 교룡과 싸움을 벌였어요.

사흘 밤낮이 지나자 주처는 끝내 교룡을 죽이고 살아 돌아왔지요. 이를 본 마을 사람들은 반가워하지 않았어요. 주처는 여전히 마을 사람들의 마음에 미움이 크다는 사실을 깨닫고 마을을 떠나기로 했어요.

오나라의 유명한 대학자를 찾아간 주처는 새사람이 될 수 있게 도와달라고 요청했지요. 그러자 대학자가 대답했어요.

"자네는 아직 젊으니, 의지를 가지고 노력하면 꼭 새롭게 태어날 수 있을 걸세."

대학자의 말에 용기를 얻은 주처는 착하게 살며 열심히 공부해 훗날 훌륭한 대학자가 되었답니다.

39일차 개과천선

한자의 뜻과 음을 읽으며 따라 써 보세요.

改 고칠 개 — 필순 7획 改 改 改 改 改 改 改

過 지날 과 — 필순 13획 過 過 過 過 過 過 過 過 過 過 過

遷 옮길 천 — 필순 15획 遷 遷 遷 遷 遷 遷 遷 遷 遷 遷 遷 遷 遷

善 착할 선 — 필순 12획 善 善 善 善 善 善 善 善 善 善 善 善

이럴 때 사용해요!
- 어려운 이웃을 도와주다니 너 정말 개과천선했구나!
- 선생님의 노력으로 개과천선한 소년은 스승의 날 선생님께 감사 편지를 보냈어.

뜻을 생각하며 또박또박 써 보세요.

개 과 천 선   改 過 遷 善

뜻 :

개 과 천 선   改 過 遷 善

뜻 :

 고사성어를 사용해 나만의 문장을 만들어 보세요.

동병상련
同病相憐
같을 동　병 병　서로 상　불쌍히 여길 련

풀이 같은 병을 앓는 사람끼리 서로 가엾게 여긴다는 뜻으로, 어려운 처지에 있는 사람끼리 서로 이해하고 돕는다는 말이에요.

유래　초나라에 오자서라는 사람이 살았어요. 오자서의 집안은 비무기라는 사람의 모함으로 하루아침에 풍비박산*이 나고 말았지요.

"내가 꼭 아버지와 형의 원수를 갚고 말겠어."

오자서는 굳은 결심을 품고 오나라로 건너가요. 그리고 갖은 고생 끝에 대부라는 높은 벼슬을 얻게 되지요.

그때 비무기의 모함으로 초나라의 대신 백주려가 죽임을 당하자 그의 아들 백비가 복수심을 품고 오나라로 넘어왔어요.

오자서는 자신과 같은 일을 당한 백비의 처지가 가여워 오나라 왕 합려에게 부탁했지요.

"무슨 일을 맡기든 잘할 것입니다. 백비에게도 벼슬을 내려 주십시오."

평소 오자서에 깊은 믿음을 갖고 있던 합려는 백비 또한 대부에 임명했어요. 하지만 백비를 탐탁지 않게 여기던 대부 피리가 오자서를 찾아와 말했어요.

"백비의 눈매를 보면 사냥감을 보고 달려드는 매와 같고, 걸음걸이는 호랑이와 같습니다. 위험한 사람처럼 보이는데 어찌 친하게 지내려 하십니까?"

"그와 나는 같은 원한을 지니고 있소. 혹시 〈하상가〉라는 노래를 아십니까?"

오자서는 대부 피리에게 〈하상가〉를 불러주었어요.

'같은 병을 앓으면 서로를 불쌍히 여기고, 같은 걱정이 있으면 서로 돕는다네. 놀라서 날아오르는 새들은 서로 따르며 날아가고, 여울을 따라 흐르는 물은 합쳐져 다시 함께 흐르네.'

"그렇다고 해도 백비를 너무 믿지 마세요."

노래를 듣고 나서도 피리는 걱정을 감추지 않았어요. 하지만 오자서는 오히려 백비와 더 가까이 지내며 함께 마음을 나누었지요.

9년 뒤, 두 사람은 합려를 도와 마침내 초나라의 군대를 이기고 크게 승리하였어요. 그리고 후에는 합려의 아들 부차도 함께 섬기게 되었답니다.

오자서는 오래전 피리의 충고를 떠올리며 고개를 저었어요.

"그 말을 들었다면 지금처럼 백비와 가까워질 수 없었겠지."

하지만 그건 오자서 혼자만의 생각이었어요.

얼마 후 백비는 월나라에 뇌물을 받고 오자서를 모함에 빠뜨려 죽이고 말아요. 결국, 백비는 자기를 도와 지금의 위치까지 오게 만든 오자서에게 은혜를 원수로 갚은 사람이 되고 만 것이지요.

*풍비박산: 사방으로 날아 흩어짐.

40일차 동병상련

 한자의 뜻과 음을 읽으며 따라 써 보세요.

同 같을 동
필순 6획 同 同 同 同 同 同

病 병 병
필순 10획 病 病 病 病 病 病 病 病 病 病

相 서로 상
필순 9획 相 相 相 相 相 相 相 相 相

憐 불쌍히 여길 련
필순 15획 憐 憐 憐 憐 憐 憐 憐 憐 憐 憐 憐 憐 憐 憐 憐

 이럴 때 사용해요!

☐ 너도 담임선생님이 무섭다고? 나도 마찬가지야. 우린 동병상련의 마음이구나.

☐ 소설을 읽다가 주인공의 아픔에 동병상련을 느꼈어.

📅   월   일   🕐 오전/오후   :

 뜻을 생각하며 또박또박 써 보세요.

| 동 | 병 | 상 | 련 | | 同 | 病 | 相 | 憐 |

뜻 :

| 동 | 병 | 상 | 련 | | 同 | 病 | 相 | 憐 |

뜻 :

 고사성어를 사용해 나만의 문장을 만들어 보세요.

제5장 지혜로운 삶의 태도   187

연습문제

1 사면초가(四面楚歌)의 알맞은 뜻을 고르세요.

① 큰 곤경에 빠져 아무에게도 도움을 받지 못하는 상황을 이르는 말

② 한 가지 일을 해서 두 가지 이익을 얻는다는 말

③ 어려운 처지에 있는 사람끼리 서로 이해하고 돕는다는 말

④ 대적할 상대가 없을 정도로 세력이 맹렬하게 뻗어 나가는 것을 이르는 말

2 다음 그림을 보고 떠오르는 고사성어를 한글로 써 보세요.

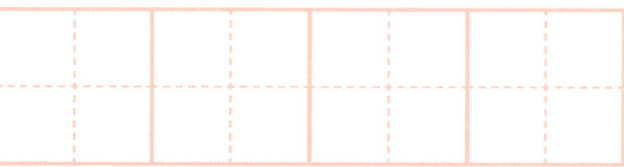

힌트 한 번 들어 둘을 얻는다는 뜻으로, 한 가지 일을 해서 두 가지 이익을 얻는다는 말.

3 개과천선(改過遷善)의 뜻을 써 보세요.

_____

_____

_____

📅　　월　　일　　⏰ 오전 ：
　　　　　　　　　　　　　오후

4 다음 한자와 알맞은 음을 찾아 연결해 보세요.

① 轉禍爲福　•　　　•　파죽지세

② 一擧兩得　•　　　•　일거양득

③ 破竹之勢　•　　　•　동병상련

④ 同病相憐　•　　　•　전화위복

5 뜻과 음에 알맞게 다음 한자를 완성해 보세요.

①　北　　水　　車
　등 배　물 수　진칠 진

②　寒　　翁　　之　　馬
　변방 새　늙은이 옹　어조사 지　말 마

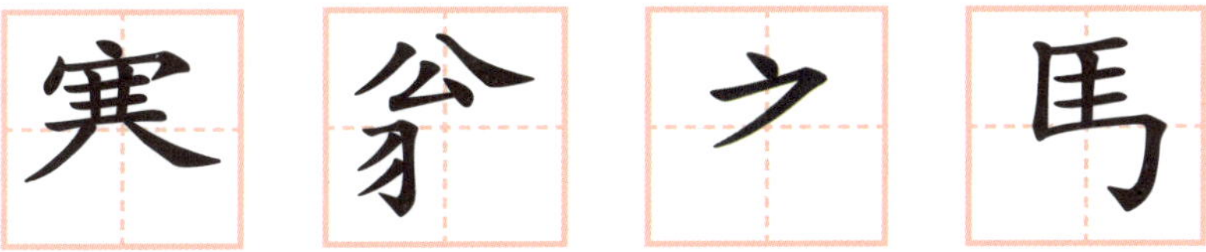

앞에서 배운 고사성어 중 가장 기억에 남는 고사성어 하나를 써 보고,
이유를 말해 보세요.

🏠 가장 기억에 남는 고사성어 :

🕯 이유 :

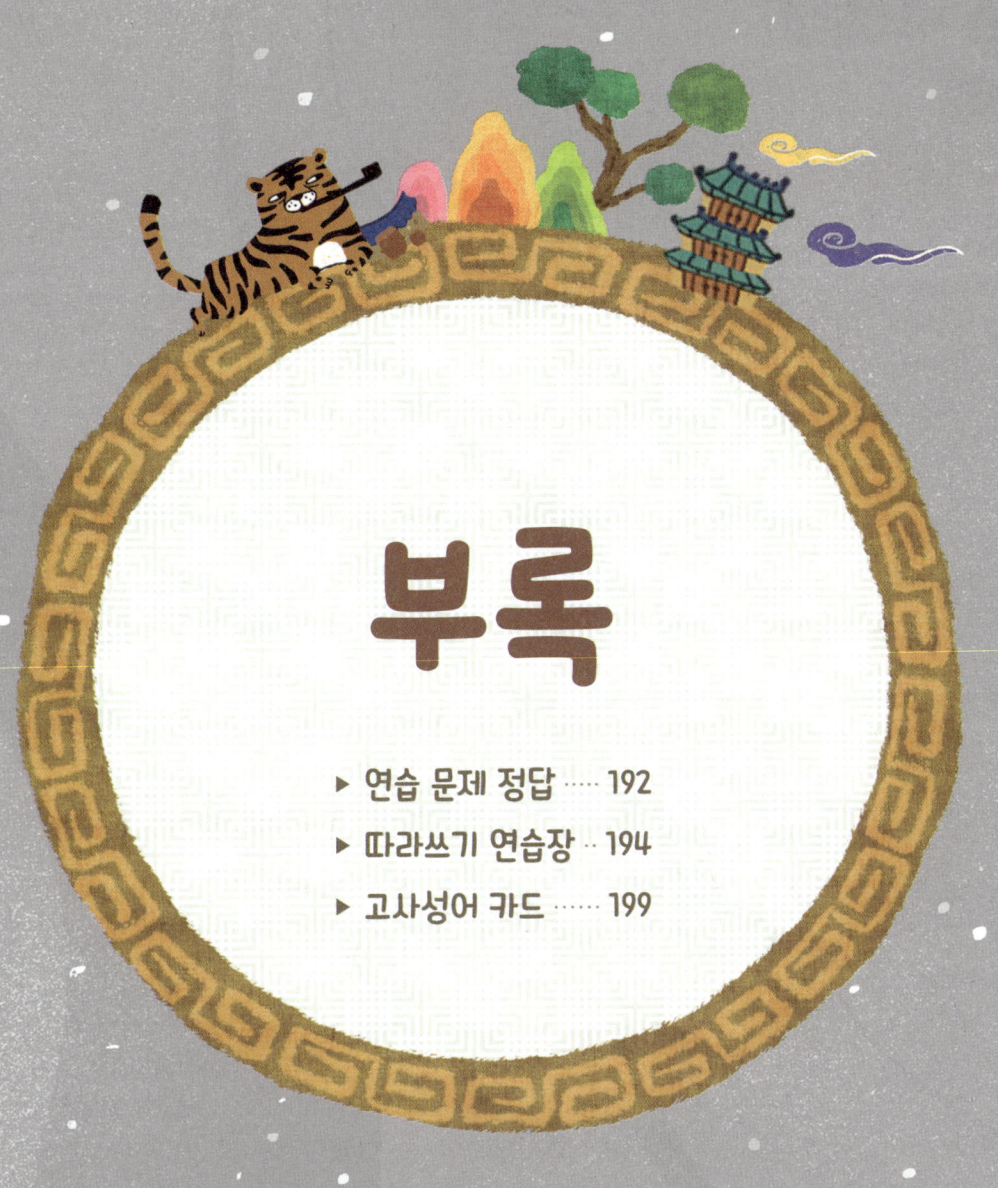

부록

▶ 연습 문제 정답 ⋯⋯ 192
▶ 따라쓰기 연습장 ⋯ 194
▶ 고사성어 카드 ⋯⋯ 199

1~8일차 복습

44쪽

1. ②

2. 맹모삼천

3. 까마귀 새끼가 자라서 늙은 어미에게 먹이를 물어다 주는 효라는 뜻으로, 자식이 자란 후에 어버이의 은혜를 갚는 효성을 이르는 말이에요.

4.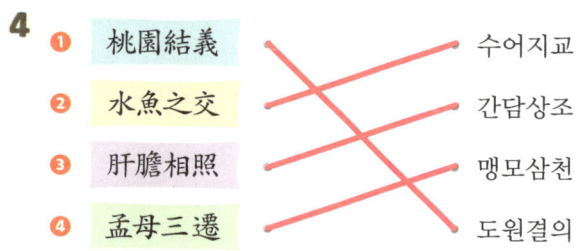

5. ① 結草報恩
   ② 知音

9~16일차 복습

80쪽

1. ④

2. 위편삼절

3. 도끼를 갈아서 바늘을 만든다는 뜻으로, 아무리 어려운 일이라도 끊임없이 노력하면 성공할 수 있다는 말이에요.

4.

5. ① 螢雪之功
   ② 登龍門

17~24일차 복습

116쪽

1. ②

2. 낭중지추

3. 백 번 듣는 것이 한 번 보는 것보다 못하다는 뜻으로, 직접 경험해 보아야 확실히 알 수 있다는 말이에요.

4.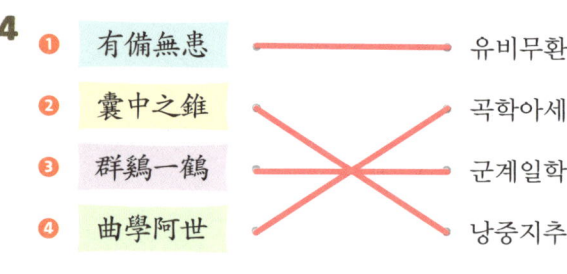

5. ① 三顧草廬
   ② 白眉

25~32일차 복습

152쪽

1 ④

2 조삼모사

3 배에 표시해 칼을 찾는다는 뜻으로, 어리석고 미련하여 융통성이 없다는 말이에요.

4
① 龍頭蛇尾 — 용두사미
② 漁夫之利 — 어부지리
③ 朝三暮四 — 조삼모사
④ 守株待兔 — 수주대토

5
① 矛盾
② 蛇足

4
① 轉禍爲福 — 전화위복
② 一擧兩得 — 일거양득
③ 破竹之勢 — 파죽지세
④ 同病相憐 — 동병상련

5
① 背水陣
② 塞翁之馬

33~40일차 복습

188쪽

1 ①

2 일거양득

3 지난날의 잘못을 고쳐 착한 사람이 되었다는 뜻이에요.

흐리게 적힌 글 위에 따라 적고, 옆에 직접 써 보세요.

제1장 가족과 친구의 소중함

도원결의

관포지교

수어지교

간담상조

지음

반포지효

맹모삼천

결초보은

좋아하는 고사성어를 자유롭게 써 보세요.

제2장 노력의 가치

형설지공

우공이산

마부작침

위편삼절

괄목상대

대기만성

화룡점정

등용문

좋아하는 고사성어를 자유롭게 써 보세요.

흐리게 적힌 글 위에 따라 적고, 옆에 직접 써 보세요.

제3장 성공을 위한 마음가짐

삼고초려

군계일학

곡학아세

백미

낭중지추

좌우명

유비무환

백문불여일견

좋아하는 고사성어를 자유롭게 써 보세요.

제4장 반성과 깨달음

조삼모사

어부지리

수주대토

모순

각주구검

사족

기우

용두사미

좋아하는 고사성어를 자유롭게 써 보세요.

흐리게 적힌 글 위에 따라 적고, 옆에 직접 써 보세요.

제5장 지혜로운 삶의 태도

배 수 진

사 면 초 가

파 죽 지 세

새 옹 지 마

전 화 위 복

일 거 양 득

개 과 천 선

동 병 상 련

좋아하는 고사성어를 자유롭게 써 보세요.

고사성어 카드를 잘라서 사용해 보세요

桃園結義	管鮑之交
水魚之交	肝膽相照
知音	反哺之孝
孟母三遷	結草報恩

관포지교

피리 관 절인 물고기 포 어조사 지 사귈 교

관중과 포숙아의 사귐이란 뜻으로, 관중과 포숙아처럼 변하지 않는 친구 사이의 두터운 우정을 이르는 말이에요.

도원결의

복숭아 도 동산 원 맺을 결 옳을 의

복숭아나무 밭에서 의형제를 맺는다는 뜻으로, 뜻이 맞는 사람끼리 모여 같은 목적을 이루기 위해 힘을 합친다는 말이에요.

간담상조

간 간 쓸개 담 서로 상 비칠 조

간과 쓸개를 서로에게 꺼내 보인다는 뜻으로, 친구 사이의 진정한 우정을 이르는 말이에요.

수어지교

물 수 물고기 어 어조사 지 사귈 교

물과 물고기의 사귐이라는 뜻으로, 아주 친밀하여 떨어질 수 없는 사이를 이르는 말이에요.

반포지효

돌이킬 반 먹일 포 어조사 지 효도 효

까마귀 새끼가 자라서 늙은 어미에게 먹이를 물어다 주는 효라는 뜻으로, 자식이 자란 후에 어버이의 은혜를 갚는 효성을 이르는 말이에요.

지음

알 지 소리 음

소리를 듣고 안다는 뜻으로, 말하지 않아도 속마음을 알아주는 친구를 이르는 말이에요.

결초보은

맺을 결 풀 초 갚을 보 은혜 은

풀을 묶어 은혜를 갚다라는 뜻으로, 죽어서도 은혜를 잊지 않고 갚는다는 말이에요.

맹모삼천

맏 맹 어머니 모 석 삼 옮길 천

맹자의 어머니가 세 번 집을 옮겼다는 뜻으로, 자식을 올바르게 키우기 위해서는 그만큼 환경이 중요하다는 말이에요.

螢雪之功	愚公移山
磨斧作針	韋編三絕
刮目相對	大器晚成
畵龍點睛	登龍門

고사성어 카드를 잘라서 사용해 보세요

우공이산

어리석을 우 공평할 공 옮길 이 메 산

우공이 산을 옮기다라는 뜻으로, 어떤 일이라도 끊임없이 노력하면 반드시 이루어진다는 말이에요.

형설지공

반딧불이 형 눈 설 어조사 지 공 공

반딧불이 불빛과 눈의 빛으로 이룬 성공이라는 뜻으로 온갖 어려움 속에서도 공부하는 자세를 이르는 말이에요.

위편삼절

가죽 위 엮을 편 석 삼 끊을 절

책을 묶은 가죽끈이 세 번이나 끊어졌다는 뜻으로, 책을 열심히 읽는다는 말이에요.

마부작침

갈 마 도끼 부 지을 작 바늘 침

도끼를 갈아서 바늘을 만든다는 뜻으로, 아무리 어려운 일이라도 끊임없이 노력하면 성공할 수 있다는 말이에요.

대기만성

큰 대 그릇 기 늦을 만 이룰 성

큰 그릇을 만드는 데 시간이 오래 걸린다는 뜻으로, 크게 될 사람은 늦게라도 성공한다는 말이에요.

괄목상대

비빌 괄 눈 목 서로 상 대할 대

눈을 비비고 다시 보며 상대방을 대한다는 뜻으로, 상대방의 학식이나 업적이 몰라보게 발전했다는 말이에요.

등용문

오를 등 용 용 문 문

용문을 오른다는 뜻으로, 어려운 관문을 통과하여 크게 이름을 떨친다는 말이에요.

화룡점정

그림 화 용 룡 점 점 눈동자 정

용을 그리고 마지막으로 눈동자를 그려 넣는다는 뜻으로, 가장 중요한 부분을 마무리함으로써 일을 완벽하게 끝낸다는 말이에요.

三顧草廬	群鷄一鶴
曲學阿世	白眉
囊中之錐	座右銘
有備無患	百聞不如一見

군계일학

무리 군 닭 계 한 일 학 학

무리 지어 있는 닭 가운데 있는 한 마리의 학이라는 뜻으로, 여러 평범한 사람들 중 가장 뛰어난 사람을 가리킬 때 사용하는 말이에요.

삼고초려

석 삼 돌아볼 고 풀 초 오두막집 려

오두막을 세 번 찾아갔다는 뜻으로, 뛰어난 인재를 얻기 위해 참을성 있게 노력한다는 말이에요.

백미

흰 백 눈썹 미

흰 눈썹이라는 뜻으로, 여럿 중에 가장 뛰어난 사람이나 물건을 이르는 말이에요.

곡학아세

굽을 곡 배울 학 아첨할 아 세상 세

학문을 굽혀 세상에 아첨한다는 뜻으로, 성공하고 싶어 바른 길에서 벗어난 학문으로 세상 사람들에게 아첨한다는 말이에요.

좌우명

자리 좌 오른쪽 우 새길 명

오른쪽 자리에 새겨 둔다는 뜻으로, 늘 곁에 두고 가르침으로 삼는다는 말이에요.

낭중지추

주머니 낭 가운데 중 어조사 지 송곳 추

주머니 속의 송곳이라는 뜻으로, 재주가 뛰어난 사람은 숨어 있어도 저절로 드러난다는 말이에요.

백문불여일견

일백 백 들을 문 아닐 불 같을 여 한 일 볼 견

백 번 듣는 것이 한 번 보는 것보다 못하다는 뜻으로, 직접 경험해 보아야 확실히 알 수 있다는 말이에요.

유비무환

있을 유 갖출 비 없을 무 근심 환

준비가 있으면 근심이 없다는 뜻으로, 미리 준비를 철저히 해두면 나중에 걱정할 일이 없다는 말이에요.

고사성어 카드를 잘라서 사용해 보세요

朝三暮四	漁夫之利
守株待兔	矛盾
刻舟求劍	蛇足
杞憂	龍頭蛇尾

어부지리

고기 잡을 어 사내 부 어조사 지 이로울 리

어부의 이익이라는 뜻으로, 두 사람이 싸우는 사이에 다른 사람이 이익을 얻는다는 말이에요.

조삼모사

아침 조 석 삼 저물 모 넉 사

아침에 세 개, 저녁에 네 개라는 뜻으로, 당장의 차이에 신경 쓰지만 결과는 같다는 말이에요.

모순

창 모 방패 순

창과 방패라는 뜻으로, 말이나 행동의 앞뒤가 서로 일치하지 않는다는 말이에요.

수주대토

지킬 수 그루 주 기다릴 대 토끼 토

나무 그루터기에서 토끼를 기다린다는 뜻으로, 고지식하고 융통성 없이 요행만을 바란다는 말이에요.

사족

뱀 사 발 족

뱀의 발이란 뜻으로, 쓸데없는 일을 해 오히려 실패하는 경우를 이르는 말이에요.

각주구검

새길 각 배 주 구할 구 칼 검

배에 표시해 칼을 찾는다는 뜻으로, 어리석고 미련하여 융통성이 없다는 말이에요.

용두사미

용 용 머리 두 뱀 사 꼬리 미

용의 머리와 뱀의 꼬리라는 뜻으로, 처음 시작은 좋지만 끝이 보잘것없다는 말이에요.

기우

나라 이름 기 근심 우

기나라 사람의 근심이라는 뜻으로, 쓸데없는 근심과 걱정을 이르는 말이에요.

背水陣	四面楚歌
破竹之勢	塞翁之馬
轉禍爲福	一擧兩得
改過遷善	同病相憐

고사성어 카드를 잘라서 사용해 보세요

사면초가
넉 사 낯 면 초나라 초 노래 가

사방에서 들리는 초나라의 노래라는 뜻으로, 큰 곤경에 빠져 아무에게도 도움을 받지 못하는 상황을 이르는 말이에요.

배수진
등 배 물 수 진칠 진

물을 등지고 진을 친다는 뜻으로, 물러설 곳이 없어 목숨을 걸고 어떤 일에 나선다는 말이에요.

새옹지마
변방 새 늙은이 옹 갈 지 말 마

변방에 사는 노인의 말이라는 뜻으로, 세상일은 변화가 많아서 좋고 나쁨을 예측하기 어렵다는 말이에요.

파죽지세
깨뜨릴 파 대 죽 어조사 지 형세 세

대나무를 쪼개는 기세라는 뜻으로, 대적할 상대가 없을 정도로 세력이 맹렬하게 뻗어 나가는 것을 이르는 말이에요.

일거양득
한 일 들 거 두 양 얻을 득

한 번 들어 둘을 얻는다는 뜻으로, 한 가지 일을 해서 두 가지 이익을 얻는다는 말이에요.

전화위복
구를 전 재앙 화 할 위 복 복

재앙이 바뀌어 복이 된다는 뜻으로, 어떤 불행한 일이라도 끊임없이 노력하면 불행을 극복하고 행복을 얻을 수 있다는 말이에요.

동병상련
같을 동 병 병 서로 상 불쌍히 여길 련

같은 병을 앓는 사람끼리 서로 가엾게 여긴다는 뜻으로, 어려운 처지에 있는 사람끼리 서로 이해하고 돕는다는 말이에요.

개과천선
고칠 개 지날 과 옮길 천 착할 선

지난날의 잘못을 고쳐 착한 사람이 되었다는 말이에요.